PRECISA
DAR
CERTO

NATH FINANÇAS

PRECISA DAR CERTO

Um guia para empreendedores reais

Copyright © 2024 by Nathália Rodrigues

Revisão
Eduardo Carneiro
Nathalia Necchy

Design de miolo e de capa
Anderson Junqueira

Fotos da autora
Afroafeto por Gabriella Maria

CIP-BRASIL. CATALOGAÇÃO NA PUBLICAÇÃO
SINDICATO NACIONAL DOS EDITORES DE LIVROS, RJ

R614p

    Rodrigues, Nathália
        Precisa dar certo : um guia para empreendedores reais / Nathália Rodrigues. - 1. ed. - Rio de Janeiro : Intrínseca, 2024.

        ISBN 978-85-510-1396-0

        1. Administração financeira. 2. Empreendedorismo. I. Título.

24-93784   CDD: 658.15
                    CDU: 658.15

Gabriela Faray Ferreira Lopes - Bibliotecária - CRB-7/6643

[2024]
Todos os direitos desta edição reservados à
Editora Intrínseca Ltda.
Av. das Américas, 500, bloco 12, sala 303
22640-904 – Barra da Tijuca
Rio de Janeiro – RJ
Tel./Fax: (21) 3206-7400
www.intrinseca.com.br

Antes de tudo, tenho que agradecer ao meu pai Oxóssi por me escolher e estar aqui hoje viva, forte e renascida.

Dedico este livro com todo o meu carinho à minha mãe, Ana, que sempre foi a força por trás de cada um dos meus passos, acreditando no meu potencial, mesmo quando eu duvidava.

Ao meu irmão, Igor, cujo apoio e a presença constante me dão coragem para seguir em frente nos momentos mais desafiadores.

À minha noiva, Isis, que, com amor, compreensão e apoio, me incentiva a ser a melhor versão de mim mesma, todos os dias.

E à minha querida sobrinha, baby Isis, que, com doçura e brilho, enche nossas vidas de alegria e esperança para o futuro.

Vocês são a minha inspiração e motivo de gratidão diária. Axé.

SUMÁRIO

Prefácio **9**

1. Algumas noções sobre empreendedorismo **13**

2. Empreendedorismo feminino **24**

3. Administração de uma empresa **31**

4. Precificação **40**

5. Organização financeira do seu negócio **48**

6. Entenda tudo sobre MEI — Microempreendedor Individual **56**

7. Tipos de negócio **70**

8. Impostos e dívidas **78**

9. Registro de marca **91**

10. A história do meu negócio **96**

Agradecimentos **106**
Notas **108**

PREFÁCIO

Foi com enorme alegria que recebi o convite para escrever o prefácio deste livro da minha brilhante amiga Nathália, popularmente conhecida como *Nath Finanças*, sobre um tema que me é muito caro: empreendedorismo. Falar sobre esse tema é, mais do que nunca, urgente. Explico.

O termo "empreendedorismo" foi sequestrado pelos falsos gurus da internet. Os "coaches de Instagram", donos de supostas fórmulas milagrosas para enriquecer rapidamente, prometem ensinar empreendedorismo em poucas horas, com duas ou três "dicas infalíveis", cobrando verdadeiras fortunas por isso. As pessoas, ávidas por encontrar caminhos para ascender social e economicamente em um país em que a maioria da população tem enormes dificuldades para viver de maneira digna, acabam por apostar as fichas nessas fórmulas mentirosas. Elas não somente gastam o pouco dinheiro que lhes resta, mas também mergulham numa enorme desesperança, deixando de acreditar que suas vidas podem um dia melhorar.

Empreender, como nos ensina a Nath já nas primeiras páginas do livro, não tem nada a ver com fórmulas milagrosas. Tem a ver com a capacidade de criar! Colocar ideias e empresas de pé e, talvez mais difícil do que isso, mantê-las vivas, funcionando. Para isso é preciso conhecimento verdadeiro e legítimo, algo que somente a experiência e a ciência podem oferecer.

A vida da Nath é, por si só, um exemplo de empreendedorismo. Com uma abordagem inovadora e uma linguagem direta e acessível, permitiu que milhares de pessoas pudessem aprender a navegar no turbulento mar das finanças e dos investimentos. A tal educação financeira tão apregoada como necessária pelas elites, mas que normalmente é ensinada apenas como uma propaganda para vender produtos bancários. Nathália ousou enfrentar essa realidade e construiu uma comunidade e um negócio em torno dessa ousadia, tornando-se um exemplo para todos nós.

Com certeza o caminho da Nath não foi fácil. Empreender, especialmente em nosso país, nunca é fácil. As barreiras são muitas: alto custo de financiamento, enorme burocracia, ineficiências logísticas, competição desleal e poucas fontes para se buscar treinamento e conhecimento. No caso de Nathália, o sarrafo era ainda mais alto. Isso porque estamos falando de uma mulher, negra, periférica, que buscou participar de um mercado dominado por homens, brancos e herdeiros, os famosos "Faria Limers", apelido caricato dado em alusão à avenida de São Paulo que reúne os maiores bancos de investimento do país. Mas ela prosperou, venceu as barreiras e construiu seu caminho com coragem e sucesso. Agora, nos mostra quão incrível é ao empenhar-se para compartilhar o que aprendeu por meio deste livro e trazer outras e outros para este caminho.

Nath é, para mim, uma prova de que podemos construir uma realidade diferente da qual vivemos. Para isso precisamos estar juntos, compartilhar experiências, ajudar uns aos outros e enfrentar as estruturas malignas que nos trouxeram até aqui. Uma obra como esta é, portanto, além de um excelente livro, uma fonte de esperança de que isso, sim, é possível.

Boa leitura.

EDUARDO MOREIRA,
economista e criador do Instituto Conhecimento Liberta (ICL)

1. ALGUMAS NOÇÕES SOBRE EMPREENDEDORISMO

Ao ouvir a palavra "empreendedorismo", talvez venham à sua mente algumas imagens: pode ser que você pense em homens de camisa social segurando microfones com relógios caros à mostra. Ou em espaços corporativos, com pufes e móveis coloridos, onde os jovens funcionários desfilam com meias estampadas. Talvez você pense no seu próprio negócio, que pode ter surgido tanto da vontade de compartilhar com o mundo ideias inovadoras para solucionar problemas específicos quanto da necessidade de pagar as contas após perder o emprego CLT e passar meses contando o dinheiro e enviando currículos sem nunca receber uma resposta positiva. Fato é que, seja lá qual for a imagem que venha à sua mente, o empreendedorismo não é algo desconhecido para você. De alguma forma, faz parte do seu mundo. Faz parte do nosso mundo. Mas o que exatamente é o empreendedorismo?

Quando examinamos os estudos que tratam do tema, encontramos respostas muito diferentes para essa pergunta. Ainda assim, existem ideias comuns, e vamos usá-las para tentar chegar a um entendimento.

O termo "empreendedor", em referência ao mundo dos negócios, foi usado pela primeira vez há muito mais tempo do que a gente imagina — em 1755. Naquele ano, o economista Richard Cantillon definiu o conceito da seguinte maneira: "Alguém que exerce um julgamento de negócios em face da incerteza."[1]

O também economista Joseph Schumpeter, uma das principais referências nos estudos de empreendedorismo, diz que existe uma relação inseparável entre esse conceito e a ideia de inovação. Ele afirma que as "revoluções" no sistema econômico são realizadas por empresários capazes de combinar os meios produtivos disponíveis de um jeito diferente para criar:

* novos bens;
* novos métodos de produção;
* novos ramos no mercado;
* novas fontes de matérias-primas;
* ou novas formas de organizar alguma indústria.[2]

Esses empresários inovadores seriam os empreendedores, e o que eles realizam seria justamente o empreendedorismo.

Ao observar essas teorias, é possível identificar duas ideias que, ao longo da história, se repetiram em outras tentativas de explicar o conceito.

> **A primeira delas é a ideia da incerteza, de risco.**
> **A segunda, a ideia de criar algo novo.**

Dessa forma, podemos pegar o que os dicionários dizem sobre "empreender" — idealizar algo e colocar em prática —, trazer essa noção para o contexto dos negócios e somar as ideias de risco e inovação. A conclusão a que chegamos é que o empreendedor é aquele que idealiza e desenvolve um novo produto ou serviço e o coloca em prática; e essa atividade pressupõe um risco, porque não é possível ter certeza do que acontece depois que seu empreendimento entra em ação.

É exatamente por causa dessas duas noções — a de risco e a de inovação — que muitos veem o empreendedor como uma pessoa especial, com uma mentalidade revolucionária e uma força de vontade acima da média. Alguém que, corajosamente, larga tudo para viver o sonho de montar o próprio negócio, sem depender de chefe ou de salário mínimo.

> **A realidade, no entanto, é que no Brasil a maioria das pessoas não larga "tudo" para empreender: elas empreendem porque não têm esse "tudo" para largar.**

Antes do sonho, vem a necessidade de se ter um sustento, aliada à falta de oportunidades no mercado de trabalho — ou seja, não se trata de pessoas especiais, acima da média ou revolucionárias, mas de milhões de pessoas comuns. Pessoas que não encontram espaço no mercado de trabalho.

DESENVOLVIMENTO ECONÔMICO E PRECARIZAÇÃO DO TRABALHO NO BRASIL

Você já deve ter ouvido alguém falar que o Brasil é um país subdesenvolvido, um país do Terceiro Mundo. Esses termos não são mais usados, e os especialistas dão preferência à expressão "país em desenvolvimento". É importante, porém, entendermos que esses são termos para resumir a ideia de que o modo de produção industrial e o capitalismo chegaram aqui depois de já estarem bem estabelecidos nos países colonialistas da Europa Ocidental e em outras atuais potências industriais, como Estados Unidos, Canadá e Japão.

O Brasil, assim como outros países em desenvolvimento (por exemplo, a Índia), passou séculos tendo suas riquezas naturais roubadas e sua população explorada em prol do enriquecimento de outras nações, e essas mazelas históricas que sofremos estão na base do nosso "atraso".

Na prática, morar em um país em desenvolvimento significa enfrentar muitos problemas econômicos. E também os que deles decorrem, como a gigantesca desigualdade social que assola o Brasil, a concentração de terras nas mãos de poucos, a existência de milhões de brasileiros abaixo da linha da pobreza, a falta de acesso a moradia e saneamento básico, as altas taxas de criminalidade, as debilidades nas áreas da saúde e da educação e a normalização de péssimas condições de trabalho.

Já parou para pensar por que no Brasil é tão comum que haja tanta gente trabalhando como catador de materiais recicláveis, empregada doméstica e vendedor ambulante? Em geral, europeus e estadunidenses não enxergam essa realidade do nosso país com a mesma naturalidade que nós. Essas funções são comuns apenas em sociedades que precisam inventar ocupações para alocar a quantidade de gente que depende da venda da força de trabalho para sobreviver, mas não tem qualificação ou espaço no mercado para exercer funções com maiores garantias e melhores remunerações. E é esse tipo de trabalho que chamamos de trabalho precarizado.

Para avançar nessa discussão, é primordial entender um pouco como funcionam as relações trabalhistas no sistema econômico em que vivemos, o capitalismo. A base do capitalismo é a relação de trabalho entre duas classes sociais, a burguesa e a proletária.[3] Os burgueses são os donos das grandes empresas, pessoas que não precisam vender a própria força de trabalho para sobreviver, pois sua renda vem do lucro que o trabalho realizado por seus empregados gera. Por exemplo: o dono de uma montadora de carros ganha dinheiro não montando os veículos, mas a partir do lucro da venda desses carros que são montados pelas pessoas que ele contrata.

Nesse exemplo, os proletários são exatamente os trabalhadores contratados para executar a montagem dos carros. São a classe que depende da venda não de um produto, mas da própria força de trabalho. São os empregados.

Acontece que quanto mais os empregados trabalham, maior é o lucro do empregador, então, se não houver um controle dessa dinâmica, o mais provável é que os empregados sejam explorados. Para se ter uma ideia, nas primeiras indústrias capitalistas que surgiram na Europa, as jornadas de trabalho ultrapassavam quinze horas e as taxas de acidentes e mortalidade eram altíssimas, já que não havia preocupação com a segurança dos funcionários, com o trabalho infantil etc. Posteriormente, com a pressão da classe proletária, que começou a se organizar em sindicatos, os governos dos países passaram a desenvolver leis que regulavam as relações e as condições de trabalho. No Brasil, isso aconteceu no primeiro período do governo de Getúlio Vargas (1930–45). Em meados da década de 1930, o Estado passou a intervir mais nas relações trabalhistas. Entre as medidas adotadas, está o conjunto de leis que até hoje fundamenta nossa legislação: a Consolidação das Leis Trabalhistas (CLT), decretada em 1943.

Antes da CLT, direitos que hoje enxergamos como básicos quando trabalhamos com carteira assinada ainda não eram regulados por lei, caso da proibição do trabalho para menores de 14 anos, da remuneração obrigatória de horas extras e férias e da proteção contra acidentes de trabalho. Há na CLT também regulamentações específicas para o trabalho feminino, como a que proíbe a demissão por conta de gravidez.[4]

De lá para cá, houve muitas mudanças no Brasil, nos governos — tivemos até uma ditadura bastante repressora por vinte anos —, na economia, na nossa moeda... Foram muitas idas e vindas também nas leis trabalhistas, inclusive no que diz respeito ao direito de os trabalhadores se organizarem em sindicatos. Alguns governos foram mais permissivos quanto ao cumprimento das leis, e isso deixou os trabalhadores mais vulneráveis à precarização. Já outros obedeceram às regulamentações e ouviram mais as reivindicações dos trabalhadores e dos sindicatos.

O que nunca deixou de existir, entretanto, foi o trabalho autônomo. A taxa de desemprego em nosso país — entra governo, sai governo — é sempre um problema. E o trabalho autônomo é a saída que a população encontra para levar o sustento para suas famílias. Foi então que em 2008 criou-se a figura jurídica do Microempreendedor Individual (MEI), destinada a regular os trabalhadores autônomos informais, que passaram a ter mais segurança jurídica nas atividades que exercem e direito a benefícios como aposentadoria.

Na década de 2010 houve um aumento significativo de livros, palestras, canais no YouTube e perfis em redes sociais que abordavam o empreendedorismo como mercado no Brasil. Tais iniciativas chegavam com promessas de ensinar as pessoas a se livrarem de seus empregos ruins e enriquecer empreendendo. Nas universidades cresceu também o número de trabalhos acadêmicos que se debruçavam sobre o estudo do empreendedorismo.

TRABALHO AUTÔNOMO, TRABALHO INFORMAL E FORMALIZAÇÃO DO EMPREENDEDOR

Recentemente, ao longo da pandemia de covid-19, houve uma grande queda de empregos assalariados e aumento do trabalho autônomo no Brasil. Segundo o IBGE,[5] 825,3 mil trabalhadores assalariados, de 2019 a 2020, perderam postos de trabalho, e as remunerações dos que conseguiram mantê-los caíram, em média, 3%. Enquanto isso, o número de empresas sem funcionários cresceu 8,6% (227,3 mil pessoas) e o grupo de trabalhadores informais, que representa 40,4% da população ocupada, ganhou 313 mil novos trabalhadores.

Esses números mostram que a quantidade de trabalhadores autônomos aumentou, tanto os formais quanto os informais. O trabalho informal é aquele que não está legalizado. Por exemplo, uma mulher que vende cachorro-quente no centro da cidade, mas não tem um CNPJ (Cadastro Nacional de Pessoa Jurídica), é uma trabalhadora informal. Nessa condição, ela não tem direito a seguro-desemprego, auxílio-doença (atual benefício por incapacidade temporária), licença-maternidade nem aposentadoria, e sua família não tem direito a auxílio-reclusão[6] nem pensão por morte.

Para formalizar esses trabalhadores autônomos e garantir todos esses direitos, foi criada a figura jurídica do

MEI. Ao se tornar MEI, o trabalhador autônomo adquire um CNPJ e passa a ser considerado proprietário de uma empresa, mesmo que não tenha nenhum funcionário. Hoje em dia, os empresários individuais representam a maior fatia de empresas no Brasil. Os dados mais recentes, de 2020, indicam que quase 80% das empresas que entraram e saíram do mercado naquele ano não tinham funcionários assalariados, apenas proprietários ou sócios.[7]

> **Dizer que as empresas individuais são as que mais entram no mercado e as que mais saem significa dizer que essas empresas são justamente as que têm menor expectativa de sobrevivência.**

A quantidade de empresas individuais que sobrevive é 22,9% menor do que a de empresas de grande porte.[8] Existe mesmo uma proporção direta: quanto menor é o porte de uma empresa, menor é a sua taxa de sobrevivência. Ou seja, as empresas individuais são as mais propensas a falir.

Mas não estou dizendo isso para assustar você, empresária que acabou de abrir uma loja de produtos artesanais no bairro onde mora, ou que presta serviços de consultoria ou publicidade pela internet.

O que vale frisar a essa altura é que, mesmo com o rótulo de microempreendedor, o MEI não deixa de ser um trabalhador. Ele está mais próximo da realidade do proletário que do burguês. A dona da carrocinha de cachorro--quente, formalizada ou não, precisa trabalhar para sobreviver, diferentemente da herdeira de um grande frigorífico produtor de embutidos, que movimenta bilhões de reais por ano explorando o trabalho de centenas — às vezes até milhares — de funcionários.

> **A lição que devemos tirar de tudo isso é óbvia: é muito importante que empreendedores e empreendedoras se preparem, estudando e se informando, para conduzir bem seu negócio e minimizar os riscos de falência.**

Contudo, nem todo MEI é um trabalhador autônomo, como deveria ser. Existem casos em que os patrões das empresas obrigam os funcionários a abrir uma microempresa para que o regime de contratação mude. A contratação como pessoa jurídica (PJ), em vez de pessoa física (PF), é mais barata para os empregadores, pois, assim, eles não precisam pagar os encargos obrigatórios em uma contratação pela CLT.

Essa prática ganhou até nome: *pejotização*. E a pessoa contratada dessa forma vira uma *pejotinha*. Apesar de muitas vezes tal opção se apresentar como solução para o trabalhador em um momento de desespero, esse tipo de contratação é mais uma maneira de precarizar o trabalho do empregado, que perde diversas garantias associadas a uma contratação via CLT.

Ainda assim, o MEI representa mais uma vantagem do que uma desvantagem, e hoje é uma das maiores portas de entrada para o empreendedorismo no Brasil.

O EMPREENDEDORISMO NO BRASIL HOJE EM DIA

As micro e pequenas empresas, sejam individuais ou com funcionários, são a base da nossa economia atualmente. De acordo com o Sebrae (Serviço Brasileiro de Apoio às Micro e Pequenas Empresas), 52% dos empregos com carteira assinada no Brasil são gerados por micro e pequenas empresas, que são responsáveis por um movimento de, em média, R$ 100 bilhões na economia brasileira.[9]

Em 2019, o Sebrae também mapeou que, entre os empreendedores, 52,5% eram homens e 47,5% eram mulheres.[10] Na maior parte, essas pessoas tinham entre 30 e 49 anos e 98% delas pertenciam às classes média e baixa. A maioria era formada por negros, considerando a somatória de pretos e pardos: 49%. Brancos eram 48%; asiáticos, 2%; e indígenas, 1%.

> **Outro dado notável é que 77% dos microempreendedores individuais no Brasil afirmavam que não realizavam nenhuma atividade empreendedora antes de se formalizar, ou seja, provavelmente não tinham experiência na condução de um negócio.**

A falta de conhecimento sobre como gerir um negócio é o fator que mais prejudica a sobrevivência dos empreendedores no mercado. Um empreendimento sem funcionários e cujo proprietário — o único responsável pelas decisões — não sabe muito bem o que fazer é um empreendimento com poucas chances de dar certo.

Meu objetivo com este livro não é oferecer fórmulas mágicas para você ficar rico empreendendo. Provavelmente você já percebeu isso, ainda mais se já conhece meu trabalho! O que eu quero, de verdade, é apresentar ferramentas que foram úteis para mim na criação e no desenvolvimento do meu negócio e que podem ser muito valiosas para você, que está começando ou quer começar o seu. Se eu conseguir ajudá-lo a trilhar um caminho em direção à sobrevivência na selva capitalista, vou ficar feliz.

Então, venha comigo!

2. EMPREENDEDORISMO FEMININO

Antes de avançarmos para a parte de administração, organização financeira, tipos de negócio e outros assuntos mais técnicos, quero tocar em um ponto fundamental quando falamos de mercado de trabalho e empreendedorismo: a questão das mulheres.

Vamos fazer o mesmo exercício que fizemos no início do capítulo anterior, mas agora você não vai pensar na imagem que vem à sua mente quando ouve a palavra "empreendedorismo". Em vez disso, vai pensar no que imagina quando ouve a expressão "empreendedorismo feminino".

Talvez você não visualize uma mulher dando uma palestra com um relógio caro enquanto segura o microfone em cima do palco de um auditório lotado. Muito provavelmente a mulher da sua imaginação também não está conduzindo uma reunião com a equipe de jovens funcionários na sala de móveis coloridos de uma startup, nem está de terninho apresentando os números mais recentes da própria empresa. E você não precisa se recriminar por isso. Não imaginamos as mulheres nesses espaços, porque elas, de fato, praticamente não costumam ocupar esses lugares de liderança e prestígio.

Da minha parte, quando penso em empreendedorismo feminino, quem me vem à mente são duas intelectuais que não são da área de negócios. Na verdade, estão mais ligadas à filosofia, às ciências sociais e ao feminismo negro. São a Sueli Carneiro e a Angela Davis, duas escritoras negras contemporâneas: a primeira, brasileira, e a outra, estadunidense.

Falamos muito de classe no capítulo anterior, pois essa é a forma como o sistema capitalista divide as pessoas nas relações econômicas. No entanto, para falar de trabalho e empreendedorismo, o conceito de classe não é suficiente. Precisamos pensar na interseção entre classe, gênero e raça. Angela Davis e Sueli Carneiro são as pioneiras no estudo e desenvolvimento desse novo conceito.

Por um lado, no sistema capitalista, historicamente, sempre houve exclusão das mulheres enquanto grupo social. Por outro, a escravidão moderna, que por séculos manteve pessoas negras em situação de trabalho forçado e tratamento desumano, marca nossa estrutura social até hoje. Isso faz com que a relação das mulheres, em geral, e a relação dos negros, em particular, com o trabalho também seja diferente da relação dos homens e dos brancos com o trabalho. A interseção a que Sueli Carneiro e Angela Davis se referem é exatamente a sobreposição dessas categorias sociais.

Para uma mulher negra, as coisas ficam ainda mais complicadas. Por exemplo, vimos que as empresas de menor porte são as que têm a menor taxa de sobrevivência no mercado, certo? Um estudo recente mostra que os empreendedores negros, no Brasil, são os que conduzem os menores negócios, sobretudo as mulheres negras.[11] Além disso, empreendedores negros possuem, em média, menor nível de escolaridade e menores rendimentos mensais, além de serem os que mais atuam na informalidade, sem CNPJ. Tudo isso revela que é fundamental, então, levar em conta os recortes de gênero e raça ao pensar o trabalho, uma vez que essas variáveis produzem, entre os trabalhadores, formas de opressão diferenciadas que não podem ser vistas apenas como opressão de classe.

MULHERES NO MERCADO DE TRABALHO

Embora nossa sociedade seja há muito tempo guiada por valores sexistas, nem sempre a mulher foi excluída da divisão do trabalho. Aprendemos na escola que, nos tempos das cavernas, os homens caçavam e as mulheres coletavam frutos, e que, nos tempos feudais, os homens aravam a terra e as mulheres faziam roupas e outros produtos manufaturados de que a família precisava para a subsistência.

Já nos séculos XVIII e XIX, com a Revolução Industrial, que dá início à fase moderna do capitalismo, a vida econômica saiu de vez de dentro dos lares das pessoas e foi para as fábricas. Confinadas no lar, presas às tarefas que hoje em dia são denominadas domésticas — de cuidado com a casa e com os filhos —, as mulheres precisaram lidar com diversas barreiras ao longo da história: leis que proibiam que trabalhassem sem a permissão do marido, falta de regulação para igualar os salários (desde essa época, a média de salário delas é menor que a dos homens) etc.

O trabalho das mulheres, de manutenção da vida privada, perdeu a importância na nossa sociedade capitalista. A compreensão de sustento do lar passou a ser a de comprar produtos industrializados com o dinheiro que os homens ganhavam trabalhando nas fábricas e empresas. O trabalho doméstico, no mundo capitalista, foi, e ainda é, considerado improdutivo e desvalorizado, sobretudo para mulheres não brancas.[12]

Some-se a isso a dificuldade de algumas mulheres terem acesso à educação formal. Na nossa sociedade, para um trabalhador sem formação, principalmente se esse trabalhador for uma mulher não branca, é praticamente impossível alcançar cargos mais altos em empresas. Excluídas do mercado de trabalho, as mulheres não brancas das classes mais baixas ficam com o desvalorizado trabalho da manutenção do lar e da vida — muitas vezes, do lar e da vida de outras mulheres (sobretudo brancas).

Talvez essa seja a realidade e a mentalidade de mulheres próximas a você, ou talvez tenha sido a trajetória da sua mãe ou da sua avó. E esse fator histórico e cultural contribui para que as mulheres representem menos de 40% da força de trabalho no mundo (durante a pandemia de covid-19, esse número chegou a diminuir, prova de que o trabalho das mulheres foi mais afetado que o dos homens pelas medidas de isolamento e pela crise econômica que acompanhou a crise sanitária).[13] Além disso, no Brasil, entre as mulheres fora do mercado de trabalho, mais de 64% são negras.[14]

> **Sendo assim, falar em empreendedorismo feminino é mais do que nunca falar em empreendedorismo por necessidade.**

POR QUE AS MULHERES EMPREENDEM POR NECESSIDADE

Como se a dificuldade de acesso não fosse suficiente, as mulheres que conseguem se inserir no mercado de trabalho ainda enfrentam dificuldades específicas do gênero para manter o emprego, como a possibilidade de demissão após a gravidez, e para ascender na carreira. No Brasil, as mulheres recebem, em média, 20% a menos que os homens, mesmo quando comparamos profissionais de faixa etária, raça, escolaridade, setor de atividade e categoria de ocupação iguais.[15] As mulheres são minoria também nos cargos de liderança e em projetos estratégicos. Segundo a Fundação Getulio Vargas (FGV), exercem apenas 36,6% dos cargos de maior rendimento.[16]

Curiosamente, parte das mulheres líderes ocupa vagas relacionadas à gestão de pessoas, como no setor de recursos humanos e no setor de diversidade da empresa, reproduzindo, de certa forma, a área na qual a sociedade acredita que a mulher deve permanecer: a do cuidado. Trata-se de uma área importantíssima, sem dúvida nenhuma, mas onde estão as mulheres nos departamentos financeiros, nos cargos executivos? Nos cargos considerados mais complexos? Mulheres ainda são minoria nessas posições. Ainda mais as mulheres negras!

No setor de investimentos, em que eu atuo, por exemplo, vejo muito mais homens do que mulheres nos altos escalões e muito mais brancos. Em 2022, a Associação Brasileira das Entidades dos Mercados Financeiro e de Capitais (Anbima) fez uma lista dos dez maiores influenciadores de finanças do país. As duas únicas mulheres da lista éramos a Nathalia Arcuri e eu, sendo eu a única pessoa negra.[17]

Todos esses dados tornam inegável a desigualdade de gênero no mercado de trabalho e reafirmam o empreendedorismo no Brasil como uma necessidade, sobretudo para mulheres não brancas. No nosso país, as mulheres são 57% do total de empreendedores. Somos o sétimo país do mundo com maior número de mulheres empreendedoras.[18]

Infelizmente, como já tratamos, poucas são as pessoas, principalmente mulheres e pessoas negras, que, ao empreender, têm acesso a uma capacitação que as ajude a lidar com questões de gestão de negócios. Foi apenas cursando a faculdade de administração que passei a ter noções de negócios, como organizar objetivos a médio e longo prazos, gerenciar lucros e dividendos, e comecei a entrar em contato com outros conceitos básicos do empreendedorismo. Se eu não houvesse tido acesso a esse conhecimento na faculdade, teria sido muito mais difícil começar a empreender.

UM POUCO SOBRE MEU PROCESSO

Empreender não é só inventar o que não existe, mas também ver o que pode ser melhorado em determinado produto ou serviço. Empreender é muitas vezes resolver problemas que já existem.

Então, se você sonha em ter o próprio negócio, a melhor pergunta que pode fazer no início é: qual produto ou serviço novo pode ser desenvolvido para suprir alguma falta que os clientes sentem? Ou então: qual melhoria em um produto ou serviço existente pode ser feita para suprir alguma falta que os clientes sentem?

Para pensarmos em preencher essa lacuna, precisamos entender de qual cliente/consumidor estamos falando e focar em um objetivo que responda a essa demanda.

Alguns fatores me atraíram para o empreendedorismo: um deles foi a possibilidade de resolução de problemas, outro foi a independência. É claro que existem alguns pontos negativos, como a quantidade de trabalho e a sobrecarga emocional de lidar, muitas vezes sozinha, diariamente, com múltiplos desafios. Mas, na minha trajetória, procurei me manter firme e agarrada aos meus objetivos.

Empreender é sempre difícil para quem começa com pouco. E, nesse sentido, são as mulheres e as pessoas negras, enquanto grupos sociais, que partem das situações de mais desvantagem. Eu, como mulher negra, sei que sou uma exceção em muitos aspectos e entendo o peso de ter chegado aonde cheguei. Por isso procuro apoiar mais gente como eu. Acredito que trabalhadores precisam se apoiar, que mulheres precisam se apoiar, que pessoas negras precisam se apoiar. É com isso em mente que espero, nos próximos capítulos, dividir com você o conhecimento que tanto me ajudou a dar os primeiros passos no empreendedorismo.

3.
ADMINISTRAÇÃO DE UMA EMPRESA

A forma como o dono de um negócio decide administrá-lo vai depender de como ele enxerga o mundo e a própria empresa. Pode ser que esteja administrando um negócio de família, que já vem de algumas gerações. Ou talvez a pessoa, assim como eu, tenha iniciado um empreendimento para resolver um problema que a incomodava no dia a dia. Eu, por exemplo, criei a Nath Finanças a partir de um incômodo — o de ter notado que o pessoal que falava de finanças na internet não focava no público de baixa renda, que representa a maioria dos brasileiros.

O que quero dizer é que uma empresa é uma engrenagem em um processo maior que envolve ideias, pessoas, valores. Quando criamos um produto ou serviço, estamos lidando com uma cadeia que demanda diversos recursos materiais e atividades humanas. E quem você é sempre vai influenciar o modo como vai gerenciar tudo isso. Só não podemos ignorar a necessidade de seguir algumas regras. Uma boa organização precisa estabelecer e seguir normas.

O modo de organização mais usado nas empresas tem por trás os conceitos de *input* e *output*, ou de *entrada* e *saída*.

Essa é uma forma de entender e controlar o processo de transformação de um produto ou serviço: quais recursos entram para serem transformados no produto ou serviço que vai sair dali.

Pense em uma fábrica de automóveis. De que materiais são feitos os carros? Borracha, metal, vidro, couro, plástico, espuma para os estofamentos etc. Tudo isso é matéria-prima que será transformada em peças, que depois serão montadas e transformadas no veículo que irá para a loja e, então, para a garagem de algum cliente.

A compra da matéria-prima é um processo de *input*. É uma entrada. Na fábrica, cada funcionário em cada máquina trabalha para transformar essa matéria-prima em pneus, volantes, assentos, faróis e outras peças que, depois de montadas e acabadas, geram o *output*, ou seja, a saída do produto já finalizado (nesse caso, um carro pronto).

É essencial para o empreendedor entender esse processo de transformação que acontece dentro da própria empresa. Muitos empreendedores decidem seguir apenas a intuição, em vez de registrar os dados referentes às entradas e saídas. Mas isso é um erro. O mínimo para, de fato, saber qual é a situação da empresa, se ela está indo bem ou mal, é ter controle sobre as informações de *input* e *output*, ou seja, o registro do que entra e do que sai, e do que cada funcionário está fazendo.

A entrada e a saída nem sempre se referem a coisas materiais. Pode entrar uma ideia. Pode sair um infoproduto digital, ou um serviço prestado.

No meu caso, com um canal de educação financeira, as ideias seriam as minhas entradas. A partir dessa entrada, eu me pergunto: como apresentar o *output*, que é um produto de qualidade?

Para criar um produto de qualidade, preciso saber algumas coisas:

* em qual rede social focar;
* como comunicar o assunto que tenho em mente;
* qual é o meu público, isto é, qual é a idade das pessoas a quem quero chegar, o que elas gostam de fazer etc.

Não posso apenas presumir que estou falando com pessoas de determinado perfil, ou que o X (ex-Twitter) é a melhor rede para viralizar determinado conteúdo. Preciso estudar, pesquisar, perguntar, entrar em contato com o público.

No seu negócio, você também precisa entender para quem está criando seu produto ou serviço. Existe o processo de transformação daquilo que entra naquilo que sai, mas a quem é direcionado o produto final? Todo produto ou serviço têm um público-alvo. No meu caso, precisei entender as características das pessoas que estão à procura de um conteúdo digital sobre finanças para pessoas de baixa renda. A partir dessas informações, precisei decidir também em quais plataformas colocar meu conteúdo e como me comunicar. Tudo isso faz parte da tomada de decisão para atender à demanda e às expectativas do meu público-alvo.

> **Um negócio não precisa ser revolucionário para dar certo. Você não precisa inventar a roda. Você pode economizar tempo e dinheiro identificando lacunas, faltas e pontos de melhora em produtos ou serviços que já existem, e aí abrir seu negócio.**

Criar um empreendimento para suprir uma demanda existente talvez seja a forma mais descomplicada de negócio. Eu não criei a Nath Finanças para inventar uma outra demanda ou criar um outro mercado. Eu percebi que faltavam informações direcionadas para pessoas de baixa renda em um conteúdo que já existia, que eram os canais e perfis sobre finanças, e desenvolvi meus conteúdos de modo a preencher essa lacuna.

TIPOS DE NEGÓCIO

Existem vários tipos de negócio. A Classificação Nacional de Atividades Econômicas (CNAE) no Brasil registra mais de 1.300 categorias. É quase impossível para um empreendedor de primeira viagem não se perder entre tantas possibilidades e acabar tendo uma ideia confusa do próprio negócio. No entanto, o mais seguro é que você comece um negócio em apenas uma área muito bem definida. É melhor ter foco do que atirar para todos os lados, porque assim fica mais fácil se destacar na área que você escolheu.

Pense, por exemplo, num estabelecimento em que funcionem uma barbearia, um estúdio de tatuagem e uma oficina de moto, tudo ao mesmo tempo. Você escolheria esse lugar para consertar sua moto ou preferiria uma oficina dedicada somente a esse serviço, com profissionais que concentrassem seus conhecimentos e habilidades apenas nisso? Pode até ser que o estabelecimento do nosso exemplo preste bem todos os serviços que oferece, mas, aos olhos dos clientes, talvez não passe tanta credibilidade. O que tendemos a pensar é que alguém que se propõe a fazer coisas tão diferentes de uma só vez não vai conseguir fazer nada direito.

Quanto mais seu cliente se sente exclusivo, mais credibilidade seu negócio passa. Se você, enquanto empreendedor, tentar fazer tudo ao mesmo tempo e explorar muitas áreas, o cliente provavelmente não sentirá que está recebendo um serviço especial, e você acabará perdendo credibilidade, que é a alma de um negócio, o que faz o cliente ver valor na sua marca. Portanto, é melhor se destacar em uma coisa para só depois pensar em outras.

Atualmente, tenho empreendimentos em duas áreas bem distintas. Na financeira, tenho a Nath Finanças, minha primeira empresa, que, depois de muitos anos de trabalho, conseguiu se destacar e se consolidar. Quando senti que a Nath Finanças estava bem estabelecida, me tornei sócia de outra marca, a Queen Laces, uma empresa de perucas, ou seja, da área de moda e beleza. As atividades da Queen Laces estão em uma área que também amo e é muito importante para mim, mas aguardei minha primeira empresa estar bem consolidada antes de me aventurar por esse outro universo. Fora isso, a experiência que adquiri na Nath Finanças foi crucial para a criação e administração da Queen Laces, mesmo que sejam produtos e serviços completamente diferentes.

E sabe o que é interessante? Muitas clientes da Nath Finanças se tornaram clientes da Queen Laces. Isso acontece quando há um bom processo de fidelização, quando você se destaca na sua área e conquista a confiança das pessoas.

PÚBLICO-ALVO

Tudo isso começa quando você tem alguma noção de quais pessoas quer alcançar. Ao criar um negócio, uma das coisas mais importantes é saber com quem quer falar, ou, em outras palavras, para quem você quer vender. Cada "alguém" desses tem um nome, uma idade, um gênero, uma classe social, gostos e valores. ==Entender os comportamentos e as necessidades do seu público-alvo é essencial para que você tome boas decisões sobre quais produtos ou serviços oferecer, como fornecê-los e como se comunicar.==

Atualmente, temos uma grande vantagem no que diz respeito a pesquisas de campo: a existência das redes sociais. Facebook, Instagram, X, entre outras, nos permitem investigar gratuitamente os gostos e comportamentos das pessoas. E os usuários das redes sociais costumam fazer comentários por vontade própria sobre o que gostam e criticam sempre que acham necessário.

Podemos pensar, por exemplo, em como a Netflix usou as redes sociais para melhorar os serviços e produtos dela. No início, a plataforma atuava como uma espécie de locadora virtual, numa época em que as locadoras físicas ainda existiam e eram populares. Elas representavam uma concorrência à Netflix e ainda havia muito o que aperfeiçoar para superá-las. A presença da empresa nas redes sociais fez bastante diferença, pois lá os funcionários e executivos podiam observar os comentários dos clientes e ajustar o serviço.

Os usuários da Netflix reclamavam de coisas das quais sentiam falta na plataforma, como uma categorização por gêneros, a inclusão de trailers, uma aba "continuar assistindo" para as pessoas que se esqueciam do título das séries que estavam acompanhando etc. A partir desses comentários espontâneos, a empresa fez melhorias, e esse movimento possibilitou não apenas que ela superasse a si mesma, como também que superasse cada vez mais os concorrentes.

As pesquisas e os feedbacks dos clientes são importantíssimos para você se destacar entre os seus concorrentes. Se é possível presumir que um concorrente vai fazer de tudo para oferecer aquilo que você não oferece, faz sentido tentar inverter o jogo: você pode se adiantar e fazer de tudo para oferecer o que eles não oferecem. Ainda mais hoje em dia, depois de uma pandemia e da imensa crise econômica que ela gerou. Nesse contexto, as pessoas em geral estão mais cuidadosas com os gastos. Ou seja, você precisa dar bons motivos para que um cliente invista no seu produto ou serviço. Você precisa, mais do que nunca, encontrar formas de fazer seu público-alvo se sentir especial — e o primeiro passo é conhecê-lo.

ANÁLISE SWOT OU FOFA

Outro conceito relevante para o empreendedor ou para a empreendedora que deseja se organizar do melhor jeito possível é a análise SWOT (ou FOFA, em português). Trata-se de uma ferramenta de gestão estratégica utilizada para avaliar os pontos fortes e fracos de uma organização e as oportunidades e ameaças do contexto em que ela está inserida. O nome é uma sigla para as palavras em inglês *Strengths*, *Weaknesses*, *Opportunities* e *Threats*, que significam, respectivamente, Forças, Fraquezas, Oportunidades e Ameaças (daí advém a sigla em português, FOFA: Forças, Oportunidades, Fraquezas e Ameaças).

A análise é bem simples, quase autoexplicativa: você precisa listar fatores dentro de cada item, tendo como referência o seu negócio. Você vai pensar em quais são os pontos fortes e fracos do seu empreendimento ou da sua ideia: em outras palavras, aquilo que você está fazendo bem ou seus possíveis diferenciais e aqueles processos em que ainda há falhas ou dificuldades. Depois, vai pensar no contexto em que seu negócio está inserido e considerar as perspectivas boas que pode ter pela frente, mas também os perigos iminentes ou as situações arriscadas que pode vir a enfrentar.

Para ilustrar, vamos simular uma análise SWOT de uma academia, a Suando a Camisa, que decidiu investir em pesquisa e adaptar a grade de aulas à demanda dos alunos.

1. FORÇAS (*STRENGTHS*):	2. FRAQUEZAS (*WEAKNESSES*):
> aparelhos novos e/ou bem conservados; > ar-condicionado em todas as salas; > professores bem remunerados e motivados.	> localização ligeiramente afastada do transporte público; > escada para acessar a academia.
3. OPORTUNIDADES (*OPPORTUNITIES*):	4. AMEAÇAS (*THREATS*):
> mercado em expansão, pois as pessoas estão mais preocupadas com a saúde; > novos empreendimentos próximos à academia movimentaram a região; > obras recentes iluminaram a rua.	> condomínios novos que têm academia; > crise financeira, o que faz com que academia não seja um gasto prioritário; > alta de juros, que prejudica o investimento em novos aparelhos.

Uma vez listadas as forças, fraquezas, oportunidades e ameaças do seu empreendimento, é importante desenvolver estratégias específicas para aproveitar as oportunidades, mitigar as ameaças, corrigir as fraquezas e maximizar as forças.

No exemplo da academia Suando a Camisa, os novos condomínios que possuem pequenas estruturas com aparelhos de ginástica representam uma grande ameaça para o negócio de bairro, mas, em geral, essas pequenas salas nos prédios possuem poucos aparelhos, quase todos simples, além de não contarem com instrutores ou professores. A academia, que tem aparelhos novos e um quadro de professores motivados, precisa recorrer a essas forças para mitigar a ameaça. Nesse caso, o dono da academia pode pensar em fazer posts patrocinados direcionados aos moradores do bairro, com fotos das instalações e reels das aulas.

4.
PRECIFICAÇÃO

Uma etapa importantíssima e que costuma gerar dúvidas entre empreendedores é a precificação de produtos ou serviços. O que seria um preço razoável? É comum termos medo de cobrar muito alto e perder possíveis clientes, ou de cobrar muito baixo e acabar tendo prejuízo.

Acontece que a precificação vai além do preço justo para você e seus clientes. Ela influencia a forma como a sua marca é vista, o público que você deseja alcançar, a sua forma de comunicação e, obviamente, quanto você vai ganhar para obter lucro e fazer novos investimentos.

Uma precificação eficiente, isto é, condizente com o produto ou serviço oferecido e capaz de gerar um bom retorno para a empresa, depende de vários fatores. Não é tão simples acertar logo de primeira. O lado bom é que também não tem problema começar errando, cobrando barato demais ou caro demais. Na maioria das vezes, os donos de negócios vão fazendo ajustes a partir de erros e acertos e de pesquisas junto ao público. O que não dá é continuar errando para sempre.

Um equívoco muito comum na hora de precificar seus produtos ou serviços é se comparar aos concorrentes: definir um preço pensando no que as outras empresas parecidas estão cobrando, ou cobrar mais barato para tentar vencer a concorrência.

> **Para definir um preço, precisamos, antes, entender o valor do nosso próprio empreendimento.**

PREÇO E VALOR

O preço é justamente aquilo que o cliente vai pagar pelo produto ou serviço. Já o valor está relacionado ao que o seu produto ou serviço entregam de solução para um público-alvo específico, com demandas específicas. Em outras palavras, o valor está relacionado à experiência do cliente. Você precisa entender qual é o valor do seu produto ou serviço para conseguir precificar de acordo.

Tem gente que cobra um preço que não corresponde ao valor do produto ou serviço que está oferecendo. Vamos supor que você pagou caro por uma roupa pela internet e, assim que a encomenda chega, vê que ela é feita de um material que esquenta demais ou dá bolinha, que a costura é malfeita... Após algumas lavagens, percebe que a cor desbota, que o elástico começou a ficar frouxo. Logo você fica com a sensação de que a roupa não valia tudo aquilo que você pagou, certo? Nesse caso, você pagou caro por um produto de baixa qualidade que lhe entregou uma experiência ruim. Essa é uma prova de que preço e valor não são a mesma coisa. Outro exemplo são os celulares. Há aparelhos caríssimos no mercado, mas que oferecem ao comprador mais do que ligações, aplicativos e acesso à internet. Embutido naquele preço há, por exemplo, diferenciação social, identificação com um grupo, ferramentas específicas...

> **O ideal é ter em mente que o valor é mais importante que o preço, ou seja, a experiência que você oferece ao cliente deve ser a prioridade.**

CUSTOS

Entender a diferença entre preço e valor é importante, mas é preciso um pouco mais do que isso antes de colocar um número na etiqueta do seu produto. Como chegar a esse número? O que é preciso considerar?

É na mão de obra que a maioria das pessoas pensa logo de cara, principalmente quando o que está em questão é uma prestação de serviço. Um designer iniciante, ao ser perguntado sobre quanto cobra, muitas vezes leva em conta a dificuldade do desenho e o tempo que vai levar para executá-lo e propõe um valor a partir disso. O que esse designer iniciante talvez se esqueça de incluir é o gasto de energia elétrica para manter ligado o computador em que trabalha, o uso do espaço em que trabalha (seja aluguel ou coworking), a manutenção e a desvalorização do computador etc. É preciso colocar todos esses custos no papel e entender como repassá-los ao preço de forma proporcional.

Se, na vida pessoal, todas as pessoas arcam com custos financeiros, por que seria diferente nas finanças da sua empresa?

Esses custos podem ser *fixos* ou *variáveis*:

* custos fixos: aqueles que você paga todo mês. Por exemplo, aluguel e plano de internet;

* custos variáveis: aqueles que variam constantemente, em geral de mês a mês. Por exemplo, matérias-primas, frete e combustíveis.

Além disso, é de lei considerar as despesas extras, a partir de contingências como acidentes, materiais perdidos, equipamentos quebrados etc.

Considerar todos esses custos na hora de precificar não é fácil. Você talvez nunca tenha calculado todos os seus gastos antes, e se acabou de ajustar o preço pode ouvir a reclamação de que "tem gente cobrando mais barato para fazer a mesma coisa". Muitos empreendedores cedem a essa pressão. Mas é nesse momento que você precisa ter certeza do valor que só você é capaz de oferecer ao seu cliente e enfatizar isso de todas as formas.

Existe uma dificuldade entre alguns empreendedores de reconhecer o próprio valor, sobretudo entre as pessoas pretas. O racismo da nossa sociedade faz com que as pessoas costumem valorizar os produtos e serviços oferecidos por pessoas brancas em detrimento dos oferecidos por pessoas pretas, inclusive estranhando e algumas vezes até se revoltando quando estas cobram mais caro.

No entanto, o que entendi mais tarde, e o que gostaria que todos os empreendedores e empreendedoras pretos entendessem, é que não podemos nos sentir culpados por cobrar o preço justo e o que merecemos. Se quisermos prosperar e de fato manter nosso trabalho, precisamos cobrar o preço correto e investir nele cada vez mais.

Contudo, ainda resta uma inquietação: como lidar com o fato de que quanto mais caro se cobra menos gente tem acesso àquele produto ou serviço? Essa é a lógica do capitalismo, afinal. Nesse sentido, a precificação sempre envolve algum nível de segregação. Só que existe uma maneira de driblar isso. Uma empresa pode oferecer produtos diferentes com valores e preços diferentes, para, então, atingir públicos de classes sociais distintas. Assim, é possível ampliar a acessibilidade sem baratear os produtos de maior valor. Por exemplo, uma empresa de educação e cursos virtuais pode vender cursos completos a um preço mais elevado, mas também criar e-books curtos, com o essencial sobre o tema, e vender por um preço menor. Esse é um jeito de se trabalhar com o compromisso social de incluir pessoas de baixa renda, porém sem correr o risco de ter prejuízo.

PONTO DE EQUILÍBRIO

Já falamos de evitar prejuízo e de incluir todos os custos da empresa na precificação, mas como visualizar isso de maneira prática?

Existe uma métrica que informa o valor mínimo que é necessário arrecadar com seu negócio para cobrir todos os gastos que ele gera. É o que chamamos de ponto de equilíbrio, que, em inglês, é conhecido como *breakeven*. Se o valor total de dinheiro que sua empresa arrecada está abaixo do ponto de equilíbrio, isso significa que ela está operando com prejuízo. Se esse valor total for igual ao ponto de equilíbrio, não há prejuízo nem lucro. Já quando esse valor está acima dele, isso significa que a empresa está lucrando.

Vejamos, então, como calcular essa métrica. As fórmulas necessárias são as seguintes:[19]

**Ponto de equilíbrio financeiro =
Despesas fixas/Margem de contribuição**

**Margem de contribuição =
(Receita total – Custos variáveis)/
Faturamento total**

Agora, imagine que você abriu um restaurante. É por meio do ponto de equilíbrio que você identifica quanto será necessário para cobrir o investimento inicial do seu estabelecimento. O cálculo permite medir a solidez do negócio e mensurar quanto tempo levará para o valor investido ser recuperado.

Suponha que, a cada mês, em média, o restaurante venda R$ 20.000,00 e gaste R$ 5.000,00 em custos fixos e R$ 3.000,00 em custos variáveis. O cálculo ficaria assim:

Primeiro, precisamos encontrar a margem de contribuição.

**Margem de contribuição =
(Receita total – Custos variáveis)/
Faturamento total**

Margem de contribuição = (R$ 20.000,00 – R$ 3.000,00)/R$ 20.000,00

Margem de contribuição = R$ 17.000,00/R$ 20.000,00

Ao dividirmos a margem de contribuição pelo faturamento total, chegamos ao percentual que ela representa:

R$ 17.000,00/R$ 20.000,00 = 0,85 (85%)

Agora, vamos ao ponto de equilíbrio.

Ponto de equilíbrio financeiro = Despesas fixas/Margem de contribuição

Ponto de equilíbrio financeiro = R$ 5.000,00/0,85
Ponto de equilíbrio financeiro = R$ 5.882,35

Seu ponto de equilíbrio seria R$ 5.882,35, ou seja, você precisaria faturar esse valor no mês para cobrir as contas.

Saber lidar com as contas básicas do seu negócio pode evitar prejuízos, principalmente em momentos de crise, além de potencializar um futuro próspero. Sem contar que, ao atentar para essas contas, o dono da empresa consegue revisar o trabalho dos funcionários do financeiro ou da contabilidade, se for preciso, aumentando a garantia de que tudo funcione bem.

QUATRO ERROS COMUNS NA PRECIFICAÇÃO

Já entendemos a importância de uma boa precificação e o que precisa ser levado em conta, certo? Com isso em mente, fica fácil listar os principais erros de empreendedores iniciantes nessa etapa de precificação:

* não entender a diferença entre preço e valor;
* não saber o que são custos fixos e variáveis e deixá-los de fora ao calcular o preço dos produtos ou serviços;
* ter dificuldade em dizer "não", o que muitas vezes leva um empreendedor inexperiente a aceitar os preços baixos que os clientes propõem por achar que é assim mesmo que as coisas funcionam, que a necessidade de ganhar dinheiro obriga você a aceitar "oportunidades" que estejam longe do ideal;
* não entender a diferença entre faturamento e lucro e negligenciar a parte financeira do negócio, privilegiando

as próprias paixões e a intuição, em vez de fazer os cálculos necessários para garantir que a empresa opere acima do ponto de equilíbrio.

A parte financeira é a base de todo empreendimento. Para conseguir investir em novas ideias, produtos e serviços, é fundamental saber lidar bem com essa parte.

VANTAGENS DE UMA PRECIFICAÇÃO EFICIENTE

Quando a precificação é feita de forma eficiente, o empreendedor só tem a ganhar. E não estou falando apenas de ganhar dinheiro. Uma boa precificação envolve:

* entender o valor da sua marca;
* saber como cobrar dos clientes;
* ganhar relevância na sua área (até mesmo os concorrentes passam a olhar você de modo diferente);
* obter mais credibilidade para seu negócio, de forma geral.

Saber precificar também traz mais qualidade para seu produto ou serviço, pois viabiliza uma tomada de decisão mais consciente. Por exemplo, é melhor ter menos clientes e entregar um serviço de maior valor do que ter mais clientes e oferecer um produto mediano (digamos, um eletrônico que pode estragar depois de três meses) só porque, assim, você conseguiria cobrar menos.

Em resumo, ao saber o valor do seu trabalho e conseguir transmitir isso da melhor forma possível por meio do preço dos produtos ou serviços oferecidos, você se valoriza no mercado. E é isso que todos nós queremos, não é mesmo?

5.
ORGANIZAÇÃO FINANCEIRA DO SEU NEGÓCIO

Como mencionei no capítulo anterior, a parte financeira é a base de um negócio. Afinal, a grande maioria dos empreendimentos tem como objetivo principal gerar lucro, e mesmo aqueles sem fins lucrativos precisam, no mínimo, gerar dinheiro suficiente para se manterem vivos. Sendo assim, um passo necessário na jornada de conhecimento de qualquer empreendedor é entender como organizar financeiramente o próprio negócio.

Para início de conversa, vamos partir dos conceitos de custos, despesas e investimentos.

CUSTOS, DESPESAS E INVESTIMENTOS

Uma vez que você já compreendeu a importância de documentar as entradas e saídas da sua empresa e a maneira como o seu dinheiro está sendo empregado nesse processo, é hora de entender a diferença entre cada tipo de gasto.

Os *custos*, em resumo, são aqueles gastos diretamente relacionados à produção de bens ou serviços. Em outras

> **Sem os custos, é impossível entregar produtos ou serviços.**

palavras, são os gastos necessários para executar a atividade principal do seu negócio, como pagamento de mão de obra e de matéria-prima. Se a sua empresa vende móveis, os gastos com madeira e vidro para construir esses móveis e o salário do marceneiro que vai construí-los são considerados custos.

Como vimos no capítulo anterior, os custos podem ser fixos (se o valor for o mesmo todo mês) ou variáveis (se mudarem de valor a cada mês). Mas a classificação vai além: os custos, tanto fixos quanto variáveis, podem ser *diretos* ou *indiretos*:

* **custos diretos:** têm relação direta com o produto ou a atividade principal. Ainda seguindo o exemplo da loja de móveis, os *custos diretos* se dariam com a compra de madeira, pregos, cola, mão de obra do carpinteiro e do marceneiro. A natureza do produto ou serviço vai definir quais serão os custos diretos;

* **custos indiretos:** não são atribuídos às especificidades do produto ou serviço, mas fazem parte da produção ou execução. Podemos considerar, por exemplo: o salário dos funcionários administrativos, como gerente e contador; o treinamento dos funcionários; o salário do funcionário de marketing que cuida da venda dos móveis. Conclusão: os *custos indiretos* têm mais relação com a parte administrativa.

Já as *despesas* têm a ver com a manutenção do negócio, sem qualquer impacto direto no produto final. Representam gastos para manter a estrutura da empresa em funcionamento: contas de luz, internet, telefone, materiais de escritório, manutenção do prédio etc. Essas despesas podem ser:

* **regulares:** aquelas que você já sabe que vão chegar e para as quais se prepara com antecedência, como as contas que precisam ser pagas todo mês;
* **extraordinárias:** aquelas que não são possíveis de prever, como o conserto de um produto que quebrou de repente.

Enquanto os *custos* não podem ser eliminados e geralmente são difíceis de serem reduzidos, as *despesas* podem ser minimizadas com mais facilidade (a pessoa pode fazer as operações on-line em vez de alugar um escritório, por exemplo). Por isso, entender as diferenças entre *custos* e *despesas* pode ajudar você a bolar estratégias para manter o fluxo de caixa equilibrado e as contas em dia, além de lhe dar fundamento para tomar decisões assertivas relacionadas às operações da empresa.

Ok, mas e os investimentos, o que são?

Investimento é uma forma de se colocar uma ideia ou um plano em ação. Desde o início do processo de desenvolvimento de um negócio, bons investimentos podem ser decisivos para impulsionar uma empresa ou até mesmo salvá-la de perrengues e sufocos. Um investimento pode ser a compra de equipamentos, a oferta de programas de formação, o aumento de salários para melhorar a produção dos funcionários, entre outras coisas.

Diferentemente dos *custos* e das *despesas*, os *investimentos* não são obrigatórios. Enquanto os dois primeiros são inevitáveis para a existência de uma empresa, o último é opcional. Além disso, os investimentos não têm garantia de retorno. O problema é que uma empresa que não faz investimentos corre o risco de estagnar, de não apresentar nada novo, de sucumbir a processos antiquados, de ser superada pelos concorrentes. Mesmo não sendo garantido, o retorno dos investimentos, quando ocorre, tende a ser bastante significativo e pode trazer o diferencial de que sua empresa precisa para se destacar no mercado.

COMO MONTAR UM FLUXO DE CAIXA

O fluxo de caixa é a organização de todo o dinheiro que entra e sai da empresa. Pense nas finanças pessoais: o ideal é que uma pessoa, para se organizar devidamente, anote tudo o que ganha e tudo o que gasta, certo? O fluxo de caixa segue essa mesma ideia, só que em relação às finanças de uma empresa.

Ter esses dados documentados e criar relatórios a partir deles é primordial para controlar seu negócio e não se enrolar depois. Você vai conseguir saber com muito mais clareza se a sua empresa está bem ou mal, se está gerando lucro, se a situação com clientes e fornecedores está boa. A documentação vai também facilitar seus cálculos para imposto de renda e, assim, garantir o cumprimento das obrigações financeiras.

Embora existam aplicativos que auxiliam na montagem do fluxo de caixa, o mais comum é usar uma planilha para organizar esses dados, uma vez que essa opção traz mais possibilidades de personalização. Para fazer a planilha, você pode olhar o extrato bancário da conta da empresa e ir comparando as informações, para ter certeza de que tudo está anotado certinho.

Confira o modelo de planilha de fluxo de caixa do Sebrae:

Alguns empreendedores, quando estão começando um negócio, principalmente em regime MEI, não separam as contas pessoais das contas da empresa. Isso, no entanto, dificulta a montagem do fluxo de caixa. Para não se perder na confusão entre o dinheiro da empresa e o seu, é preciso separar as duas contas: uma para a pessoa física e uma para a pessoa jurídica.

A primeira coisa a ser levada em consideração é que o dinheiro da empresa não é todo seu, nem mesmo quando você é MEI e, portanto, único sócio. Afinal, sua empresa tem contas específicas, como os impostos para manter o CNPJ em situação regular. Por isso, é importante você abrir em um banco uma conta PJ, que é uma conta específica de pessoa jurídica, e usar essa conta para fazer as transações relativas à empresa. Isso vai ajudá-lo a controlar melhor o faturamento e os gastos relacionados ao seu empreendimento, separando-os das suas contas pessoais.

Então, o ideal é usar essa conta PJ para transações relacionadas a fornecedores, funcionários, aluguel, materiais de escritório, entre outros itens que dizem respeito à empresa. Se você trabalha em casa, identifique quanto gasta para produzir seu produto ou serviço. Se você vende doces, é provável que precise usar o gás e a energia elétrica de casa mesmo, então vai ter que entender quanto em cada conta é impactado pelo seu negócio e destinar parte dessas despesas para a empresa pagar.

Também conta como gasto da empresa o seu pró-labore, isto é, o seu "salário" enquanto dono ou dona da empresa. Como já dito, nem todo o dinheiro da empresa deve ser considerado seu, mas uma parte pode — e deve —, afinal, você abriu a empresa esperando ganhar dinheiro para suprir suas necessidades pessoais. Sendo assim, analise o fluxo de caixa

> **Para calcular seu pró-labore, você deve considerar o ponto de equilíbrio; e para fazer a análise do ponto de equilíbrio, você precisa, antes, montar e analisar o fluxo de caixa.**

e verifique quanto consegue pagar a si mesmo todo mês sem prejudicar as finanças da empresa.

Aqui vale lembrar o conceito de ponto de equilíbrio, o indicador de segurança que informa quanto é preciso vender, no mínimo, para que as receitas se igualem aos gastos.

CAPITAL DE GIRO

O capital de giro é a diferença entre o dinheiro disponível em caixa de uma empresa (contando também crédito e estoque) e a soma das despesas e dos custos. Ele é essencial para bancar a liquidez, quer dizer, a possibilidade de o dinheiro estar nas suas mãos.

É necessário saber de quanto é o capital de giro da empresa para que você possa, por exemplo, oferecer aos seus clientes vendas a prazo, além de pagar impostos e arcar com outros custos. Fora isso, quanto maior for o capital de giro da sua empresa, melhores serão as suas possibilidades de lidar com despesas extraordinárias, inesperadas.

> **Lembre-se: o que não muda é a necessidade de se ter em caixa um valor seguro de capital de giro.**

Como eu sei quanto preciso ter de capital de giro para conseguir arcar com os gastos dos meus negócios? Eu somo todas as despesas e os custos mensais e multiplico por três. O resultado dessa conta me dá uma ideia de quanto preciso preservar em caixa para garantir a segurança financeira da minha empresa.

Não se esqueça, também, de somar essas despesas e esses custos com quanto você já tem e com as contas que precisa pagar. Obviamente, o valor desse cálculo vai ser diferente para cada empresa, pois depende da situação específica de cada uma.

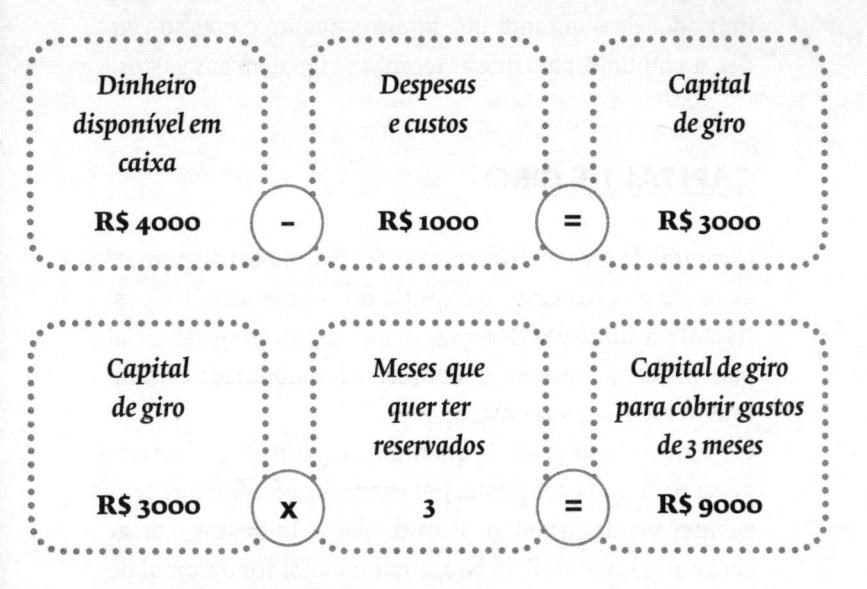

Dinheiro disponível em caixa R$ 4000 − **Despesas e custos** R$ 1000 = **Capital de giro** R$ 3000

Capital de giro R$ 3000 x **Meses que quer ter reservados** 3 = **Capital de giro para cobrir gastos de 3 meses** R$ 9000

FATURAMENTO E LUCRO

Para fechar este capítulo, outra coisa imprescindível que você vai conseguir fazer depois de montar o fluxo de caixa é calcular o faturamento e o lucro da sua empresa. Mas qual é a diferença entre esses dois termos?

Vamos supor que você é dona ou dono de uma loja de doces. Seu fluxo de caixa é superorganizado e você fechou o mês com R$ 10.000,00. Isso quer dizer que você teve R$ 10.000,00 de lucro?

Não.

Esses R$ 10.000,00 são quanto a sua empresa faturou. O faturamento é todo o dinheiro que entra na empresa.

Desses R$ 10.000,00 de faturamento, você vai precisar subtrair o dinheiro do aluguel, da conta de luz, da compra de material para o próximo mês, dos impostos, dos salários dos funcionários... Enfim, vai subtrair os custos, as despesas e até mesmo os investimentos, se for o caso. Depois dessa subtração, o valor que sobra é o lucro da empresa.

Todo empreendedor precisa saber diferenciar esses conceitos, pois só assim é possível manter as contas equilibradas, sem que se gaste mais do que o devido.

FATURAMENTO - CUSTOS E DESPESAS = LUCRO DA EMPRESA

6.
ENTENDA TUDO SOBRE MEI — MICROEMPREENDEDOR INDIVIDUAL

Até que já falamos bastante de MEI por aqui, né? No primeiro capítulo, abordamos a criação dessa categoria de pessoa jurídica, concebida para formalizar trabalhadores autônomos. Também apresentei algumas estatísticas a respeito do trabalho dos MEIs no Brasil e da participação deles na economia. E, no capítulo anterior, atentei para a importância de quem é MEI separar as contas da empresa das contas pessoais.

Bom, agora é a hora de nos aprofundarmos em todos os temas que envolvem o MEI. Neste capítulo, vou contar os detalhes que você precisa saber sobre essa categoria, que é uma das maiores portas de entrada para empreendedores no Brasil.

O QUE É MEI E QUEM PODE SE TORNAR UM?

MEI, sigla para Microempreendedor Individual, é um tipo de pessoa jurídica. Essa categoria foi criada durante o segundo mandato do governo Lula (2007-10), pela Lei

Complementar nº 128, sancionada em 2008, mas que só passou a valer no dia 1º de julho de 2009. O MEI é um profissional autônomo que presta algum tipo de serviço ou vende algum produto. A diferença entre esse tipo de profissional e o profissional autônomo que não está enquadrado no MEI é que o MEI tem um CNPJ, isto é, a lei o considera oficialmente um dono de empresa, uma pessoa jurídica.

A partir do momento em que passa a ter um CNPJ, o profissional autônomo sai da informalidade e pode conseguir mais oportunidades. Algumas empresas, por exemplo, só conseguem contratar prestadores de serviço que possam emitir nota fiscal, e para emitir nota fiscal é preciso ter um CNPJ. Ao mesmo tempo, por ter custos muito mais baixos do que outros tipos de pessoa jurídica, o MEI é uma solução para profissionais autônomos que não podem pagar impostos muito altos.

Outra coisa que o MEI oferece é a facilidade de abrir contas bancárias em nome da empresa e pedir crédito. Lembra que eu falei da importância de separar o dinheiro da empresa do seu dinheiro pessoal? Isso fica muito mais fácil quando você tem um CNPJ e abre uma conta bancária vinculada a ele.

Todos os cidadãos maiores de idade (ou com 16 ou 17 anos que sejam emancipados) podem abrir um MEI. No entanto, existem algumas exigências em relação às atividades profissionais, ao número de funcionários, ao faturamento anual e a outras coisinhas burocráticas.

Confira a lista de profissões permitidas, atualizada todo ano.

Primeiramente, para se tornar MEI, é preciso saber se a sua atividade profissional está enquadrada naquelas permitidas para essa categoria.

Outra exigência que você precisa atender para abrir um MEI é ter o limite de apenas um funcionário e apenas um sócio. O sócio, no caso, vai ser você, o dono ou dona da empresa: ou você trabalha sozinho ou trabalham você e um funcionário. Nada mais do que isso. É obrigatório que o funcionário tenha mais de 16 anos e faça exame admissional, para uma avaliação de sua saúde física e mental, antes de começar a trabalhar.

Se o empregador sentir necessidade de contratar mais funcionários, precisa mudar o CNPJ para outra categoria (falaremos dessas outras categorias na página 74). Contudo, atualmente, está em trâmite no Congresso Nacional o Projeto de Lei Complementar (PLP) nº 108/2021, que propõe aumentar o limite de funcionários do MEI para dois e garantir que ambos recebam o piso salarial da categoria.

Outra coisa: para ser MEI, o profissional não pode ser sócio, titular nem administrador de nenhuma outra empresa. O MEI também não pode abrir filial de seu negócio.

O que nem todo mundo sabe é que o MEI pode, sim, trabalhar em outra empresa como CLT. Funcionários públicos não podem se tornar MEI, pelo artigo 117 da Lei nº 8.112/1990, mas os funcionários de empresas privadas têm esse direito, desde que o contrato de vínculo empregatício com essa outra companhia não exija exclusividade, quer dizer, não obrigue o empregado a trabalhar exclusivamente para ela.

Outro ponto a considerar é a possibilidade de existir algum conflito de atividades, o que pode ocorrer se a empresa em que você trabalha em regime CLT for do mesmo ramo daquela que você quer abrir como MEI. Afinal, a empresa em que você atua pode se sentir prejudicada e rescindir o contrato. Por isso recomendo que você converse com os responsáveis por ela para saber se há algo no contrato que entre em conflito com o seu negócio.

Quando o MEI também é um trabalhador CLT, é preciso atentar para algumas burocracias a mais. Por exemplo, mesmo contribuindo com o INSS (Instituto Nacional do Seguro Social) na sua carteira assinada, você também vai precisar contribuir com os impostos do seu MEI, porque uma coisa não anula a outra. Caso esteja em dúvida a respeito do tempo de contribuição para a sua aposentadoria, ela é considerada nos dois modelos de trabalho: tanto o tempo que você passou trabalhando pelo regime da CLT quanto o tempo que passou atuando como MEI.

Também vale dizer que, ao abrir uma empresa como MEI, você perde o direito ao seguro-desemprego, se for demitido da empresa em que trabalha como CLT (mesmo sem justa causa). Isso porque o seguro-desemprego é destinado aos trabalhadores que não têm renda, e subentende-se que quem é microempreendedor tem renda. Outros auxílios que podem ser suspensos quando o MEI é aberto, por conta dessa questão da renda, são o Prouni (Programa Universidade para Todos), o Fies (Fundo de Financiamento Estudantil) e o Bolsa Família.

A única forma de o MEI conseguir seguro-desemprego é se a sua renda, no período em que estiver recebendo os pagamentos do seguro, for inferior a um salário mínimo, mediante comprovação de que esse valor seria insuficiente para seu sustento e o de sua família.

Outros benefícios do governo também podem sofrer alterações ou até cancelamentos quando o beneficiário faz o registro no MEI. O aposentado por invalidez, por exemplo, perde o benefício se virar MEI. Afinal, esse benefício é destinado a pessoas que não têm saúde para exercer atividades laborativas, logo, o governo entende que quem se formaliza como MEI está apto a voltar a trabalhar e, portanto, vai cortar o auxílio.

O mesmo acontece com quem recebe auxílio-doença ou licença-maternidade: ao se inscrever no MEI, os benefícios são perdidos, pois subentende-se que o beneficiário já esteja em condições de retomar o trabalho.

Agora, se você estiver aposentado por idade, insalubridade ou tempo de serviço, aí, sim, pode ser MEI sem perder os benefícios.

Por fim, existe ainda um limite de faturamento anual para que o profissional possa se enquadrar como MEI. Atualmente, esse limite é de R$ 81.000,00. O PLP nº 108/2021, que mencionei anteriormente, propõe um aumento do limite para R$ 130.000,00. O fato é que esse limite exige muita atenção, pois ultrapassá-lo é correr o risco de ter problemas fiscais. O certo a fazer, caso você ultrapasse o limite de faturamento do MEI, é alterar seu CNPJ para outra categoria em que o limite de faturamento seja maior.

Especificamente para caminhoneiros, as exigências do MEI são um pouco diferentes. O faturamento anual máximo para essa profissão é de R$ 251.600,00. As ocupações permitidas para caminhoneiros são as seguintes:

* transportador autônomo de carga — municipal;
* transportador autônomo de carga — intermunicipal, interestadual e internacional;
* transportador autônomo de carga — produtos perigosos;
* transportador autônomo de carga — mudanças.

É importante saber que, seja qual for a sua ocupação, o serviço que você oferece ou o produto que você vende, se você é MEI ou deseja se tornar um, é sempre bom dar uma pesquisada, pois os critérios exigidos estão sujeitos a alterações de acordo com a legislação do país.

PASSO A PASSO SOBRE COMO ABRIR O MEI

> O site verdadeiro do Portal do Empreendedor, no qual você vai entrar para abrir o seu MEI, é este a seguir, que você pode acessar pelo QR Code:
>
> [QR Code]

O processo de cadastro como MEI é gratuito. É importante saber disso, já que existem sites e pessoas que tentam aplicar golpes cobrando dinheiro pela abertura de um MEI. Se já ouviu alguém dizer que é preciso pagar para efetuar esse processo, essa pessoa estava tentando enganar você! Alguns sites patrocinam até buscas no Google para aparecerem em primeiro lugar em pesquisas do tipo "como abrir um MEI" e muitas vezes usam um endereço parecido com o do site oficial do governo.

O site oficial do governo federal do Brasil é "gov.br". Isso significa que todo endereço oficial do governo federal vai ter "gov.br" no link, inclusive o endereço do Portal do Empreendedor, o órgão responsável pelo MEI.

Se você vir algum site que não tenha "gov.br" no endereço oferecendo serviços relacionados ao MEI, desconfie. Principalmente se esse site aparecer no buscador com a marcação "patrocinado".

Para abrir o MEI, você deve entrar no site do Portal do Empreendedor e clicar em "Quero ser MEI". Você será redirecionado para uma página com várias informações sobre essa categoria, muitas das quais já estamos comentando neste capítulo. Nessa página do site, basta clicar em "Formalize-se!".

Se você já tiver uma conta na plataforma gov.br, é só fazer login. Se ainda não tiver conta, vai precisar criar uma, vinculada ao seu CPF (Cadastro de Pessoa Física). Preencha os dados de cadastro direitinho, sem pressa.

A partir daí, quando conseguir acessar a página "Formalize-se!" com sua conta da plataforma gov.br, será preciso preencher alguns dados relativos aos seus documentos pessoais e, posteriormente, dados de contato, como celular e e-mail. Os documentos exigidos para a abertura do MEI são os seguintes:

* título de eleitor;
* carteira de identidade;
* CPF;
* comprovante de residência.

Por fim, você deverá cadastrar os dados relativos ao negócio que está abrindo, destacando-se: nome fantasia (o nome da empresa); capital social (seu investimento inicial); tipo de ocupação (uma principal e também ocupações secundárias); forma de atuação (internet, estabelecimento fixo, porta a porta etc.); endereço da empresa (que pode ser o endereço da sua casa mesmo, se for onde você presta os serviços ou vende os produtos).

Se não existir nenhuma ocupação cadastrada que se encaixe exatamente nos serviços que você presta nem nos produtos que você vende, é possível colocar alguma ocupação similar, aquela que estiver mais próxima do que você faz.

Depois, o portal vai pedir que você assinale algumas declarações e alguns termos de responsabilidade. Você precisará ler com atenção e marcar o que for obrigatório.

Por fim, você terá a oportunidade de conferir seus dados para ver se tudo está certinho e, então, finalizar o cadastro. Ao finalizar, você já recebe o número do seu CNPJ e tem acesso aos comprovantes e serviços para MEI.

O acesso às plataformas de emissão de notas fiscais, no caso dos comerciantes, é de responsabilidade de cada estado, e, no caso dos prestadores de serviço, esse processo costumava ser coordenado por cada município. No entanto, desde setembro de 2023, o processo de emissão de notas fiscais de serviço foi centralizado e agora é feito exclusivamente pelo Portal de Gestão NFS-e[20] — Contribuinte.

O MEI PODE ALTERAR AS INFORMAÇÕES CADASTRAIS DO REGISTRO?

Uma vez feito o registro como MEI, podemos alterar alguns dados do cadastro, se for preciso. Por exemplo, se o endereço de sua empresa mudar, é possível alterar essa informação no Portal do Empreendedor. Entretanto, nem todos os dados podem ser alterados. Os dados que você pode mudar são os seguintes:

* telefone;
* endereço;
* nome fantasia;
* e-mail;
* ocupação;
* capital social;
* forma de atuação.

O limite máximo é de oito alterações por vez. Se precisar fazer mais do que isso, ligue para a Ouvidoria, que vai encaminhá-lo para a Secretaria da Micro e Pequena Empresa, e assim você vai saber se pode ou não fazer mais alterações no cadastro.

Além disso, pode ser que algumas dessas regrinhas variem de acordo com normas próprias de cada prefeitura.

Para alterar os dados cadastrais, basta entrar no site do Portal do Empreendedor, clicar na aba "Serviços", "Atualizar seus dados", "Alterar dados" e, então, fazer seu login.

MEI TEM CONTRATO SOCIAL?

Quando abrimos uma empresa, precisamos de um documento atestando que todos os dados sobre ela estão corretos e ela está autorizada a funcionar. Para quase todos os modelos de empresa, esse documento é o Contrato Social, que inclui os dados do empreendimento e de seus sócios, além dos direitos e deveres de cada um. É como uma certidão de nascimento da pessoa jurídica.

Entretanto, no caso do MEI, as coisas são um pouco diferentes.

Mesmo que o MEI também seja considerado pessoa jurídica, já vimos que esse regime segue algumas regras e legislações diferentes das que são comuns a outros modelos de empresa. Entre essas diferenças está o Contrato Social, que não é emitido para o MEI. Isso porque, como o MEI não pode ter sócio, não há necessidade de se fazer um Contrato Social, já que as atividades econômicas exercidas são prestações de serviços ou vendas em nome do próprio profissional autônomo.

No entanto, o MEI também possui um documento que contém as informações sobre a empresa. Nesse caso, é o Certificado da Condição de Microempreendedor Individual, conhecido pela sigla CCMEI. Esse documento autoriza o profissional a exercer a atividade de forma legal.

O CCMEI pode ser emitido pelo Portal do Empreendedor, bastando clicar na opção "Já sou MEI" e, em seguida, em "Emissão de comprovante CCMEI".

QUAIS SÃO OS BENEFÍCIOS DO MEI?

Se a justificativa para a criação do MEI foi tirar os trabalhadores autônomos da informalidade, esse regime precisa oferecer benefícios que atraiam esses trabalhadores, certo? Então, quais são os benefícios garantidos por lei aos microempreendedores individuais?

O principal, que já mencionei aqui, é que o trabalhador, ao ter um CNPJ, consegue emitir nota fiscal. Isso faz muita diferença, porque grande parte das empresas só consegue contratar serviços de quem pode emitir nota fiscal. Então, se você não tiver condições de fazer isso, pode acabar perdendo muitas oportunidades de serviço ou não conseguindo comprar material para elaborar seus produtos, já que a maioria das empresas também só vende produtos para quem pode emitir nota.

Outro grande benefício é a dispensa do alvará de funcionamento, que é a licença para que determinado negócio funcione em determinado local. O próprio CNPJ do MEI, que pode ser comprovado pelo CCMEI, já serve como alvará, ou seja, já permite que você venda seus produtos ou preste seus serviços sem problema algum.

Quem é MEI também pode comercializar com o governo, sabia? O registro como MEI permite que você ofereça produtos ou serviços ao governo por meio de licitações públicas.

Por conter um CNPJ, o MEI também tem mais facilidade para conseguir crédito ou outros produtos financeiros bancários.

Esse é mais um motivo para você abrir uma conta MEI e separar as finanças da sua empresa das finanças pessoais.

Quanto a impostos, em comparação com outros modelos de empresa, os custos do MEI são bem mais baixos. Além disso, o pagamento é simplificado, pois o MEI consegue emitir uma guia de pagamento (chamada DAS, ou Documento de Arrecadação do Simples Nacional) que já contém os valores de INSS, ISS (Imposto sobre Serviços de Qualquer Natureza) e ICMS (Imposto sobre Circulação de Mercadorias e Serviços). O valor da contribuição de ICMS do MEI é de R$ 1,00; o do ISS é de R$ 5,00; e o do INSS é de 5% do salário mínimo (R$ 70,60 em 2024). Portanto, a depender da atividade exercida, o valor do DAS varia entre R$ 71,60 e R$ 76,60 (valores de 2024). Isso porque o ICMS só incide em atividades de comércio/indústria; já os serviços estão sujeitos ao ISS. Quem atuar em ambos paga os dois.

O DAS sofre alteração de valor apenas uma vez ao ano, junto com a alteração do salário mínimo. Assim, você consegue se planejar financeiramente com mais facilidade e sem surpresas negativas.

O pagamento desses impostos também garante duas coisas: uma é que o tempo em que você mantiver o MEI ativo contará como tempo de serviço para a sua aposentadoria; e a outra é justamente que o MEI tem cobertura previdenciária, assim como os trabalhadores do regime CLT.

> **Pagando o DAS direitinho todo mês, você tem direito à aposentadoria por idade ou invalidez, ao auxílio-doença, à licença-maternidade, ao auxílio-reclusão e à pensão por morte.**

QUAIS AS OBRIGAÇÕES DO MEI?

A principal obrigação do MEI é pagar o DAS. Todo mês, você precisa ir lá no Portal do Empreendedor, no campo "Pagamento de contribuição mensal", e emitir o DAS. Trata-se de um boleto que você pode pagar no banco normalmente, com vencimento no dia 20 de cada mês, ou no primeiro dia útil seguinte, caso o dia 20 caia em fim de semana ou feriado.

Outra obrigação do MEI é emitir nota fiscal toda vez que comercializar com outra pessoa jurídica. Como já mencionei, o portal para emissão de nota fiscal é de responsabilidade da prefeitura de cada cidade, e geralmente o acesso pode ser feito pelo site da prefeitura.

O ideal é que você guarde por pelo menos cinco anos todas as notas fiscais que emitir e faça relatórios mensais das suas receitas brutas. Isso vai ajudá-lo a organizar o fluxo de caixa, controlar a média de faturamento mensal e facilitar o preenchimento e o envio da Declaração Anual do Simples Nacional (DASN).

A DASN, também chamada de Declaração Anual de Faturamento, é outra importante obrigação de quem é MEI. Essa declaração precisa ser enviada todo ano para o governo, ao longo de todos os anos em que você estiver com o CNPJ ativo, e ela pode ser preenchida pela internet mesmo, no Portal do Empreendedor.

É bom se ligar nessas obrigações, porque são exigências legais. E você pode receber multas ou outras penalidades — até mesmo o cancelamento do seu CNPJ — se não as cumprir.

COMO FAZER O DESENQUADRAMENTO DO MEI?

Lembra que eu disse que o MEI tem limitações quanto ao número de funcionários e sócios e quanto ao faturamento anual? Então, quando um empreendedor ultrapassa o faturamento máximo ou sente necessidade de fazer mudanças no negócio — a fim de contratar mais funcionários ou abrir uma filial, por exemplo —, é preciso alterar a categoria da empresa, normalmente adotando o modelo de Microempresa (ME). O primeiro passo para isso é fazer o desenquadramento do MEI.

O desenquadramento autoriza o dono a mudar endereço, razão social, natureza jurídica e outras informações da empresa. O mais importante, porém, é que permite ao empreendedor escolher uma nova categoria de atuação.

Se você tiver que fazer a mudança de regime tributário porque ultrapassou os R$ 81.000,00 de faturamento anual, é sua obrigação comunicar isso à Receita Federal. Essa etapa pode acontecer de duas maneiras:

* se ultrapassou o valor, mas o excedente não passou de 20% daqueles R$ 81.000,00, então você comunica à Receita, mas pode deixar de ser MEI a partir do ano seguinte;

* agora, se o excedente estiver acima de 20%, ou seja, se você faturou por volta de R$ 97.200,00 ou mais, será preciso comunicar à Receita também, mas, nesse caso, você deixará de ser MEI nesse mesmo ano e precisará da ajuda de um contador para gerar os custos adicionais dos tributos.

Vale lembrar que, nessas duas situações, o desenquadramento é obrigatório, já que foi ultrapassado o valor máximo de faturamento anual permitido para o MEI.

O faturamento acima do limite é um dos maiores motivos para o desenquadramento do MEI. Entretanto, se você quiser ou precisar fazer o desenquadramento por qualquer outra razão que não seja tão urgente, recomendo que o faça em janeiro. Quando a solicitação é feita nesse mês, o desenquadramento acontece no mesmo ano. Com a solicitação feita a partir de fevereiro, o desenquadramento só ocorre no ano seguinte.

Se não quiser fazer o processo de desenquadramento, outra opção é dar baixa no seu MEI, ou seja, cancelar seu CNPJ, como se você estivesse fechando a empresa, e então abrir um novo CNPJ já no modelo de Microempresa (ME).

O MEI pode até ser cancelado automaticamente, caso você passe doze meses sem emitir nota fiscal, sem movimentar sua conta bancária vinculada ao CNPJ e sem pagar o DAS. Nesse caso, o MEI é cancelado por inatividade. Só que, se você não cancelar manualmente, o DAS ainda vai ser ge-

Você pode fazer o desenquadramento do seu MEI pelo QR Code a seguir:

rado todo mês até o cancelamento automático, e vai acumular juros se você não pagar. Portanto, se você não quiser mais manter o MEI, precisa cancelar, senão vai ficar produzindo dívidas e terá que pagá-las de qualquer jeito.

Agora, vamos supor que você esteja com dívidas em aberto no seu CNPJ e queira dar baixa nele antes de quitá-las. É possível cancelar o MEI com dívidas em aberto? Para ser direta: sim, é possível. Entretanto, seus débitos não vão sumir junto com o CNPJ. Mesmo depois da baixa, você ainda vai precisar pagar as dívidas.

COMO DAR BAIXA NO MEI

Para dar baixa no MEI e, assim, cancelar seu CNPJ, entre no Portal do Empreendedor, na área "Já sou MEI", e clique em "Baixa da empresa". A partir daí, é só preencher os dados que forem solicitados e, em seguida, confirmar que está de acordo com os termos. Depois, você será redirecionado para uma página de confirmação de dados. Se tudo estiver certinho, é só confirmar.

O último passo é fazer o download do Certificado da Condição do Empreendedor Individual, documento que comprova a baixa no CNPJ. É crucial que você guarde esse certificado e se proteja, caso haja problemas futuros.

Feito isso, se ainda tiver dívidas em aberto, lembre-se de acessar a plataforma em que você normalmente baixava o DAS para pagar o que ainda deve e evitar aborrecimentos depois.

7.
TIPOS DE NEGÓCIO

Até aqui, a gente percebeu que um empreendimento pode ter diferentes tamanhos e perspectivas. Quando pensamos na parte formal, burocrática, vale fazer a correspondência entre aquilo que a sua empresa é e faz e a categoria na qual vai enquadrá-la. Por exemplo, se o seu negócio é pequeno, começando do zero, não adianta querer dar um passo maior do que a perna para enquadrar essa empresa como algo além do que ela realmente é.

Entre outros fatores, a proporção de uma empresa dita o valor dos impostos que precisarão ser pagos. Então, seria ruim optar por um modelo de negócios que não condiz com a realidade, pois isso obrigaria você a pagar mais à toa. Até porque o tamanho não está relacionado à qualidade da empresa, tampouco a erros e acertos.

O fato de uma empresa ser maior não significa, necessariamente, que ela é melhor ou que o dono acertou mais. Às vezes, pode significar apenas que foi fundada com um investimento financeiro maior.

Quando falamos em tipos de empresa, as classificações vão levar em conta: o porte, definido pelo valor que ela fatura anualmente; o regime tributário, ou seja, como funcionam os seus impostos; e o tipo de sociedade, isto é, quantos sócios ela vai ter e como vai ser a relação desses sócios com ela.

MICROEMPREENDEDOR INDIVIDUAL, MICROEMPRESA E EMPRESA DE PEQUENO PORTE

Vamos começar falando do faturamento anual, que, como eu disse, corresponde ao porte. No capítulo anterior, vimos que o MEI, ou Microempreendedor Individual, é um tipo de empresa que tem limite máximo de faturamento anual de R$ 81.000,00. No mundo dos negócios, trata-se de um faturamento considerado pequeno, se comparado ao de outros tipos de empresa.

Além do MEI, outras categorias de empresa pequena são a Microempresa (ME) e a Empresa de Pequeno Porte (EPP). O limite de faturamento anual dessas categorias varia:

* MEI — R$ 81.000,00;
* ME — R$ 360.000,00;
* EPP — R$ 4.800.000,00.

No capítulo anterior, contei que o MEI que ultrapassa o limite máximo de faturamento geralmente migra para a categoria de Microempresa. O mesmo acontece com a Microempresa que ultrapassa os R$ 360.000,00 de faturamento anual: geralmente, ela muda de enquadramento e passa a ser Empresa de Pequeno Porte.

Outras diferenças entre essas categorias estão na possibilidade de se ter sócios e na quantidade-limite de funcionários. Como já dito, o MEI não pode ter sócios e só pode contratar um funcionário. Já na ME e na EPP, é possível ter um ou mais sócios, além de um número maior de funcionários. A ME pode contratar até nove funcionários na área de serviços ou comércio, ou até dezenove, se for indústria. Já o limite da EPP para essas áreas é de, respectivamente, 49 e 99 funcionários.

As três categorias de empresa estão aptas a adotar o regime tributário Simples Nacional, criado justamente para facilitar a vida dos negócios menores. Lembra que, no capítulo anterior, eu disse que o boleto com que o MEI paga os impostos se chama DAS, ou Documento de Arrecadação do Simples Nacional? Então: as Microempresas e Empresas de Pequeno Porte também podem usar esse documento, se escolherem aderir ao Simples Nacional. A diferença é que, dependendo do porte da empresa, a base de cálculo para o pagamento vai ser diferente e o DAS vai contar com mais ou menos impostos, chegando ao máximo de oito:

* Imposto de Renda de Pessoa Jurídica (IRPJ);
* Contribuição Social sobre o Lucro Líquido (CSLL);
* Programa de Integração Social (PIS);
* Contribuição para Financiamento da Seguridade Social (Cofins);
* Imposto sobre Produtos Industrializados (IPI);
* Imposto sobre Circulação de Mercadorias e Serviços (ICMS);
* Imposto sobre Serviços de Qualquer Natureza (ISS);
* Contribuição Patronal Previdenciária (CPP).

Algumas das vantagens para empresas optantes do Simples Nacional são, por exemplo, facilidade de acesso a crédito e alíquotas de impostos reduzidas em relação a outros regimes tributários.

Só que existem exceções na legislação, no sentido de proibir que empresas que realizam certos tipos de atividade optem pelo Simples Nacional. Negócios de bebidas alcoólicas e de outros produtos nocivos à saúde, por exemplo, são impedidos de escolher esse regime tributário e, assim, não podem usufruir os benefícios de redução de impostos, simplificação da burocracia, facilitação de acesso a crédito etc.

Além do Simples Nacional, quais os outros regimes tributários existentes no Brasil para as empresas? É o que vamos ver no próximo tópico.

> **Para o MEI, é obrigatório aderir ao Simples Nacional, mas para MEs e EPPs é opcional. No entanto, geralmente elas aderem, pois acaba valendo a pena por conta dessas vantagens.**

SIMPLES NACIONAL, LUCRO PRESUMIDO E LUCRO REAL

O regime tributário é um assunto de responsabilidade do contador da empresa (com exceção do MEI, toda empresa precisa ter um contador ou, pelo menos, contratar um serviço de contabilidade, caso não tenha um fixo). Entretanto, mesmo que você não seja contador e tenha uma pessoa para ficar responsável por essa área na sua empresa, é bom ter um conhecimento básico de contabilidade, pois isso pode ajudá-lo a entender mais o próprio negócio e avaliar melhor as decisões do seu contador.

Existem três opções de regime tributário disponíveis no Brasil para as empresas:

* Simples Nacional;

* Lucro Presumido;
* Lucro Real.

Já falamos do Simples Nacional, criado para as empresas de menor porte a fim de simplificar a administração tributária e oferecer alíquotas menores nos impostos. E os outros regimes, quais são as suas características e as diferenças entre um e outro?

Considerando que as empresas com faturamento acima de R$ 4.800.000,00 — isto é, as de médio e grande portes — não podem optar pelo Simples Nacional, elas precisam escolher entre o regime de Lucro Presumido e o de Lucro Real. A diferença entre eles é a forma como alguns impostos são calculados.

> **No Lucro Presumido, a empresa considera, para o cálculo desses impostos, uma porcentagem fixa do faturamento.**

Essa porcentagem é de 8% para empresas de comércio e de 32% para empresas de prestação de serviços. É por isso que se chama Lucro Presumido: porque *se presume* que o lucro da empresa está sendo representado por essa porcentagem.

==Já no Lucro Real, a base de cálculo é, como o nome diz, o lucro real da empresa, o lucro que a empresa obteve de verdade e o qual precisa ser verificado corretamente.==

Além disso, o limite máximo de faturamento no Lucro Presumido é de R$ 78.000.000,00, enquanto no Lucro Real não há limite máximo nem mínimo.

A escolha do regime tributário varia de empresa para empresa. Não dá para dizer se um é melhor do que o outro, pois depende de especificidades relacionadas, por exemplo, à capacidade de cada empreendimento gerar lucro e ao tipo de sociedade. Aliás, é do tipo de sociedade que vamos tratar a seguir.

EIRELI, LTDA. E S.A.

O tipo de sociedade impacta a constituição do seu negócio porque tem a ver com a quantidade de sócios e a maneira como se dá a relação deles com a empresa. É uma escolha que você faz no momento da abertura da empresa.

> **Os principais tipos de sociedade são a Empresa Individual de Responsabilidade Limitada (Eireli), a Sociedade Limitada (Ltda.) e a Sociedade Anônima (S.A.).**

Eireli é a empresa que tem como representante e único administrador o titular, ou seja, o dono da empresa é o único responsável e ele não tem nenhum outro sócio. Nesse sentido, é a modalidade de abertura de negócios mais simples. O dono de uma Eireli acaba sendo o único definidor dos próprios rendimentos.

Por um lado, parece que podemos comparar com o MEI, que também não pode ter outros sócios além do titular, mas o MEI é um tipo muito específico de pessoa jurídica, então MEI e Eireli não são a mesma coisa, ok? Por outro lado, é possível, por exemplo, que uma Microempresa ou uma Empresa de Pequeno Porte sejam Eireli, assim como é possível que elas sejam Ltda. ou S.A. Empresas de qualquer porte, sejam lá quais forem os limites de faturamento, podem optar por diferentes tipos de sociedade. Já o MEI sempre vai ser só MEI.

Retomando o raciocínio: enquanto a Eireli é uma empresa que conta com apenas um sócio na abertura, sendo este o próprio dono, uma empresa aberta com dois ou mais sócios pode optar pela Sociedade Limitada ou pela Sociedade Anônima. Ambos são regimes simples que garantem a proteção dos sócios e dos respectivos patrimônios.

As diferenças entre Ltda. e S.A. estão na forma de administração, na participação dos sócios no lucro da empresa e em outros detalhes burocráticos. Por exemplo, enquanto na Ltda. a administração da empresa pode ser feita por apenas um diretor, na S.A. é obrigatório que existam, no mínimo, dois diretores. Na S.A., diferentemente do que ocorre com a Ltda., o capital social da empresa pode ser vendido em pequenas partes — as famosas ações —, que são negociadas na bolsa de valores. Na Ltda., a divisão do lucro entre os sócios é mais livre, varia conforme as decisões dos sócios, enquanto a divisão dos lucros em uma S.A. é feita segundo leis fixadas pela Constituição Federal.

O ideal é que a escolha por uma Sociedade Limitada ou Anônima seja feita em conjunto por você e seus sócios no momento da abertura da empresa, para que todos estejam de acordo e entendam as responsabilidades que cada opção traz.

COMO DEFINIR O TIPO DE NEGÓCIO?

É tipo de sociedade, regime tributário, porte da empresa... depois de conhecer tantas opções, é natural que surja a pergunta:

> **"Mas como escolher a opção ideal para mim?"**

Acontece que eu não tenho como dizer o que é melhor para você, pois cada caso é um caso, e alguns projetos de empreendimento são muito específicos. É claro que, se você pretende abrir seu negócio sozinho, faz sentido dizer que o Eireli ou até o MEI podem ser boas opções, dependendo de quanto você tem para investir e do seu faturamento. Ainda assim, escolher o tipo de negócio geralmente é um jogo mais complexo.

Por isso o melhor a fazer é falar com toda a equipe. Converse com seus sócios e com o seu contador para descobrir o que pode ser melhor para a sua empresa.

> **E sempre busque aprender mais, caso fique em dúvida a respeito de alguma lei ou de algum conceito. Minha ideia, neste capítulo, foi oferecer uma introdução aos principais tipos de negócio, e espero que este possa ser seu primeiro passo.**

8.
IMPOSTOS E DÍVIDAS

Não é novidade para ninguém que toda empresa no Brasil precisa pagar impostos. Afinal, os impostos são a principal forma pela qual o Estado arrecada dinheiro. Dependendo da categoria da empresa, será preciso pagar mais tipos de imposto ou alíquotas maiores, mas fato é que até mesmo o MEI, a categoria que paga menos impostos, não pode fugir dessa obrigação.

Por isso este capítulo é dedicado à apresentação dos principais impostos que afetam os empreendedores brasileiros.

ICMS — IMPOSTO SOBRE CIRCULAÇÃO DE MERCADORIAS E SERVIÇOS

O ICMS é um tributo sobre a movimentação de mercadorias e serviços em geral: eletrodomésticos, transporte interestadual e intermunicipal, alimentos, comunicação etc. Esse imposto, como se vê, afeta vários segmentos do mercado.

Portanto, a aquisição de mercadorias (inclusive importação) e a prestação de diversos serviços estão sujeitas ao pagamento do ICMS. No entanto, existem algumas exceções. Certos tipos específicos de operação estão isentos do ICMS, como a circulação de livros, revistas e insumos agrícolas e a aquisição de veículos por pessoas com deficiência, entre outros. Essas isenções, previstas por lei, estão ligadas a políticas públicas destinadas a setores beneficiados.

A arrecadação do ICMS é feita pelo estado de origem do serviço ou da mercadoria, quer dizer, o estado onde mora a pessoa que prestou o serviço ou vendeu o produto. A alíquota desse imposto varia de acordo com o estado, então, para você ter certeza dos valores praticados pelo seu estado, verifique a tabela disponível no site do governo estadual.

Quando se trata do MEI, porém, a alíquota é única e fixa: atualmente, o valor é de R$ 1,00. Lembrando que, como para outras categorias, o MEI só paga ICMS se as atividades exercidas estiverem incluídas nas operações sobre as quais esse imposto incide.

Outro ponto a destacar é que os estados têm o poder de conceder ou revogar benefícios fiscais ligados ao ICMS e a outros impostos que sejam de sua competência.

ISS — IMPOSTO SOBRE SERVIÇOS DE QUALQUER NATUREZA

O ISS incide sobre a prestação de serviços por empresas ou profissionais autônomos. Abrange mais serviços do que o ICMS e é recolhido pelos municípios ou pelo Distrito Federal, tendo como referência o local onde foi prestado o serviço. Isso quer dizer que as alíquotas podem ser diferentes de cidade para cidade. A responsabilidade, portanto, é das prefeituras, que também têm o poder de conceder isenções para algumas atividades.

A grande maioria das empresas que prestam serviços paga ISS. Serviços que são dispensados de pagar são os prestados no exterior que afetam apenas o país onde se deu a prestação. A Lei Complementar nº 116/2003 especifica as atividades sujeitas ao pagamento do ISS, tais como: serviços de informática, locação, medicina, barbearia, esteticista, engenharia, limpeza... A lista contempla umas 250 atividades mais algumas variações, então inclui, basicamente, todo tipo de serviço que se possa imaginar!

Se você já emitiu alguma nota fiscal de prestação de serviços, ou já reparou nos detalhes de alguma nota que recebeu, certamente já viu a expressão "retenção do ISS na fonte". Esse é um termo usado quando o recolhimento desse tributo é de responsabilidade do município de quem recebeu o serviço, e não de quem prestou, como seria o habitual. Nesses casos, a alíquota é calculada pela tabela do município em que o ISS fica retido.

Assim como o ICMS, o ISS também é pago por meio do DAS pelo MEI e pelas MEs e EPPs que aderem ao Simples Nacional. Lembra que o DAS é uma guia única para recolhimento de todos os impostos do Simples Nacional? Então: fica tudo junto num só boleto. A diferença é que, como é obrigatório ter contador nas MEs e EPPs, ao contrário do MEI, quem fica responsável por gerar o DAS para elas é esse profissional mesmo, e não necessariamente o dono da empresa.

Já para as empresas em regime tributário de Lucro Real ou de Lucro Presumido, que não contam com o DAS, o ISS é pago por uma guia específica, gerada pelo município onde fica a sede da empresa. A alíquota também varia de município para município, ficando entre 2% e 5% do valor somado das notas fiscais geradas no mês de referência.

Nesses regimes tributários, também é o contador quem fica responsável por fazer essa apuração e gerar a guia, mas recomendo que você converse com o seu contador para entender mais sobre o ISS e outros impostos.

PIS/PASEP — PROGRAMA DE INTEGRAÇÃO SOCIAL/PROGRAMA DE FORMAÇÃO DO PATRIMÔNIO DO SERVIDOR PÚBLICO

PIS/Pasep são siglas que aparecem nos noticiários todo ano, mas muita gente não sabe do que se trata. Também é um tanto misterioso esses nomes sempre aparecerem juntos, não é?

PIS e Pasep são dois programas estabelecidos por lei em 1970, mas que foram unidos a partir de 1975, e é por isso que as siglas passaram a se apresentar juntas.

O PIS, que significa Programa de Integração Social, tem o objetivo de assegurar que o funcionário da empresa privada se beneficie do crescimento da empresa em que trabalha, além de estimular a poupança do trabalhador. Funciona como um fundo, em que a empresa deposita recursos destinados aos trabalhadores.

Já Pasep é a sigla para Programa de Formação do Patrimônio do Servidor Público. O objetivo dele é, basicamente, o mesmo do PIS, só que para trabalhadores que prestam serviços públicos.

Em 1988, com o estabelecimento da nova Constituição, houve uma mudança no PIS/Pasep. Em vez de os recursos irem direto para as contas individuais dos trabalhadores, como acontecia antes, eles passaram a ser destinados a um fundo chamado FAT, o Fundo de Amparo ao Trabalhador, que, por sua vez, era de onde saíam os pagamentos de programas como seguro-desemprego, abono salarial e outros benefícios e programas sociais para a classe trabalhadora.

Em 2020, no contexto da pandemia de covid-19, os recursos do PIS/Pasep deixaram de ser alocados no FAT e passaram para outro fundo: o famoso FGTS, ou Fundo de Garantia do Tempo de Serviço. Essa decisão foi tomada para que o governo federal pudesse oferecer aos trabalhadores prejudicados pela crise sanitária e econômica a possibilidade de sacar esse dinheiro de forma mais imediata.

INSS — PREVIDÊNCIA SOCIAL

INSS, na verdade, não é a sigla de um imposto, e sim de um órgão do governo federal: Instituto Nacional do Seguro Social. É a instituição responsável pela Previdência. O imposto relativo ao INSS que o empresário precisa pagar é a Contribuição Previdenciária Patronal (CPP), mais conhecida como INSS Patronal.

É um imposto que todas as empresas devem recolher, desde o MEI até Grandes Empresas, em qualquer regime tributário. O propósito é custodiar serviços básicos para os cidadãos e colaborar com a seguridade social.[21]

Trabalhadores também devem pagar uma contribuição para o INSS, tanto é que, no caso de assalariados, esse valor é descontado na folha de pagamento. Sendo assim, é bom observar que empresários e sócios que têm pró-labore a partir de um salário mínimo precisam descontar desse valor o INSS Individual, mesmo que também paguem o Patronal.

COFINS – CONTRIBUIÇÃO PARA O FINANCIAMENTO DA SEGURIDADE SOCIAL

Criada em 1991, a Cofins é um imposto que incide sobre a receita bruta das empresas, para financiamento da seguridade social.

As únicas pessoas jurídicas isentas do pagamento da Cofins são as entidades sem fins lucrativos, como igrejas, partidos políticos etc.

A alíquota geral da Cofins é de 3% da receita, mas pode ser diferenciada para empresas optantes do Lucro Real ou para algumas operações específicas.

IRPJ – IMPOSTO DE RENDA DE PESSOA JURÍDICA

"Imposto de Renda" é uma expressão que costumamos ouvir bastante. Mas você sabia que ele não existe apenas para as pessoas físicas? A pessoa jurídica também precisa declarar Imposto de Renda, e, nesse caso, a sigla, em vez de ser IRPF, é IRPJ.

Nem sempre quem paga o Imposto de Renda de Pessoa Jurídica precisa pagar também o de Pessoa Física. Dependendo do faturamento da empresa, você, titular dessa empresa, não precisa pagar o Imposto de Renda de Pessoa Física, apenas declarar. Isso porque lucros e dividendos são isentos de IRPF, justamente por já serem cobrados da pessoa jurídica por meio de outros impostos.

O Imposto de Renda de Pessoa Jurídica é um imposto federal muito importante e pode gerar uma baita dor de cabeça para o empreendedor se não for calculado corretamente e recolhido em dia.

O valor do IRPJ depende do regime tributário escolhido pela empresa, então pode incidir sobre o faturamento ou sobre a presunção de lucro. Algumas empresas estão isentas, como organizações filantrópicas, científicas e culturais.

CSLL — CONTRIBUIÇÃO SOCIAL SOBRE O LUCRO LÍQUIDO

O último imposto que quero apresentar aqui é a CSLL, também um tributo federal. Ele tem como objetivo apoiar investimentos públicos em aposentadoria, desemprego e outras ações relacionadas à seguridade social. É obrigatório para a maioria das pessoas jurídicas que estão no Brasil e recolhido junto com o IRPJ (para as empresas em geral) ou por meio do DAS (para as optantes do Simples Nacional).

O valor a ser pago depende do regime tributário no qual a empresa está enquadrada.

A IMPORTÂNCIA DA BOA GESTÃO FISCAL

Sei que pode parecer óbvio dizer isso, mas é decisivo saber quais são os impostos obrigatórios para seu tipo de negócio e pagá-los certinho todo mês, sempre em dia. A falta de conhecimento ou de controle sobre a parte fiscal é a grande responsável pelo fechamento de muitas empresas. Afinal, quando não conseguimos nos organizar para pagar os impostos em dia, eles começam a acumular juros e isso pode virar uma bola de neve incontrolável.

Sendo assim, sobretudo se você é MEI e não tem um contador, nunca se esqueça de deixar separado o dinheiro para pagar os impostos. Se precisar, é bom até colocar um lembrete na sua agenda antes da data de vencimento do boleto. Dessa forma, você evita estresses desnecessários e cumpre corretamente com suas responsabilidades enquanto dono ou dona de uma empresa.

DÍVIDAS

Não adianta a gente falar de educação financeira para empreendedores sem fazer um recorte de raça e classe, né? Precisamos entender onde o dinheiro está indo e como isso afeta diretamente a vida dos empreendedores, em especial, empreendedores negros e negras. É importante destacar como a falta de acesso a crédito e investimento impacta ativamente o acúmulo de dívidas. Um estudo da FGV divulgado em 2022 mostrou que **47% dos empreendedores negros** têm dificuldade em acessar crédito a juros mais baixos, levando-os a buscar financiamentos com taxas mais altas, como no caso de cartões de crédito e empréstimos informais. Essa realidade aumenta o risco de endividamento, já que os juros se acumulam rapidamente, dificultando o pagamento das dívidas e gerando um ciclo vicioso de inadimplência.

Além disso, Relatório Serasa Experian 2023 apontou que 53% dos empreendedores negros no Brasil possuem alguma forma de inadimplência, o que limita ainda mais suas chances de obter crédito no futuro, levando ao fechamento precoce dos negócios. Entre as mulheres negras, esse percentual é ainda maior, chegando a 57%, o que reforça a vulnerabilidade financeira desses grupos.

Esses números mostram como a falta de acesso a recursos financeiros e de suporte adequado não só limita o crescimento dos negócios, mas também coloca esses empreendedores em situações de alto risco financeiro, agravando o ciclo de endividamento.

Eu mesma já passei por dificuldades quando comecei, e uma coisa que eu adoraria ter ouvido naquela época, como prestadora de serviço, é: se o seu cliente demora 60, 90 ou até 120 dias para te pagar, considere mudar o seu modelo de faturamento para o Regime de Caixa.

O QUE É O REGIME DE CAIXA?

O Regime de Caixa é uma forma de recolhimento de tributações perfeita para pequenos negócios. Ele permite que você registre as movimentações de dinheiro só quando ele realmente entra ou sai do seu caixa. Isso torna a vida do empreendedor muito mais simples, porque dá para acompanhar o dinheiro de forma mais rápida, direta e organizada. Além disso, também ajuda a controlar melhor o pagamento de impostos, o que alivia bastante o fluxo de caixa. Porém, é superimportante ter uma pessoa para fazer a contabilidade do seu lado, te ajudando a manter tudo em dia e fazendo o controle certinho das suas finanças. O regime de caixa, apesar de aliviar bastante o seu fluxo de caixa, não elimina a necessidade de emitir notas fiscais e pagar os impostos. Ele só garante que você vai pagar os tributos sobre o dinheiro que realmente entrou no mês, em vez de sobre o que você ainda vai receber no futuro. Isso já é uma grande ajuda, mas não significa que você pode relaxar completamente. Uma contadora vai ajudar você a garantir que tudo esteja no prazo certo, sem surpresas. E o mais importante: com ela cuidando dessa parte burocrática, você pode focar mais no crescimento da sua empresa, sabendo que o financeiro está em boas mãos.

COMO FUNCIONA?

Nesse modelo, como você só paga imposto sobre o que efetivamente recebeu, se você vendeu algo parcelado em cinco vezes, por exemplo, o imposto só será pago à medida que o cliente for pagando as parcelas, e não logo de cara, na hora que você emitir a nota fiscal. Isso é uma boa vantagem, porque os impostos acompanham os recebimentos. Ou seja, você não precisa desembolsar dinheiro para pagar imposto de uma venda pela qual ainda nem recebeu. Isso vale tanto para quem vende produtos quanto para quem presta serviços.

Resumindo: você emite a nota fiscal e, quando o pagamento cair na conta (seja por cheque, cartão ou transferência), aí sim o imposto será cobrado.

REGIME DE CAIXA X REGIME DE COMPETÊNCIA

Empresas do Simples Nacional ou do Lucro Presumido podem escolher entre esses dois regimes. A grande diferença entre eles é quando as despesas e receitas são registradas. Regime de Competência, as coisas são contabilizadas no momento da venda ou da prestação de serviço, mesmo que o dinheiro ainda não tenha entrado. É o jeito mais comum de organizar a contabilidade, mas exige que você tenha um dinheiro guardado para pagar os impostos, mesmo sem ter recebido o pagamento ainda.

Do ponto de vista contábil, o Regime de Competência pode parecer mais organizado, mas ele também traz o desafio de antecipar o pagamento de impostos.

COMO QUITAR DÍVIDAS

Quitar as dívidas do seu negócio pode parecer um desafio gigante, mas, com algumas estratégias práticas, é possível organizar as finanças e sair do vermelho. Aqui vão algumas dicas que podem ajudar:

1. Organize suas finanças

O primeiro passo para resolver problemas financeiros é ter clareza sobre a situação. Digamos que você tenha uma empresa de prestação de serviços. Coloque tudo no papel ou em uma planilha, listando todas as suas dívidas: desde o empréstimo feito para comprar equipamentos até o pagamento pendente para fornecedores ou funcionários. Anote o valor total, as taxas de juros e os prazos de pagamento de cada dívida. Por exemplo, se a sua empresa deve R$ 10.000,00 ao banco com juros de 3% ao mês e R$ 5.000,00 a um fornecedor com prazo de sessenta dias, é essencial ter esses números claros para traçar um plano de ação.

2. Negocie prazos e condições

Entre em contato com os credores e fornecedores e negocie melhores condições. Imagine que sua empresa tem uma dívida de R$ 4.000,00 que vence em trinta dias, mas o caixa está apertado. Negociar pode ser uma boa saída. Você pode propor pagar uma parte agora e o restante dentro de noventa dias. Muitas vezes, os credores preferem alongar o prazo ou reduzir os juros para garantir que receberão o pagamento, e isso pode aliviar a pressão financeira sobre o seu negócio.

3. Priorize dívidas com juros mais altos

Se a sua empresa tem várias dívidas, priorize aquelas com juros mais altos. Por exemplo, se você tem uma dívida no cartão de crédito da empresa com juros de 10% ao mês e outra no banco com juros de 3%, faz sentido focar primeiro no pagamento da dívida mais cara, que cresce mais rapidamente. Isso vai impedir que os juros altos se acumulem e causem ainda mais problemas no caixa da sua empresa.

4. Considere consolidar suas dívidas
Consolidar dívidas pode ser uma opção interessante se a sua empresa tiver várias pendências. Isso significa pegar um empréstimo único para pagar todas as dívidas, geralmente com uma taxa de juros menor. Se a sua empresa tem três dívidas que somam R$ 30.000,00, você pode buscar um empréstimo com juros mais baixos para pagar todas elas de uma vez, ficando com uma única dívida para gerenciar. Isso simplifica o processo e pode reduzir o valor total pago ao longo do tempo, além de liberar o fluxo de caixa para outras áreas da empresa.

5. Use o fluxo de caixa a seu favor
Alinhar o pagamento das dívidas com o fluxo de caixa da empresa é essencial para não se endividar ainda mais. Por exemplo, se a sua empresa recebe de clientes a cada sessenta dias, mas tem que pagar fornecedores em trinta dias, esse descompasso pode causar problemas. Uma solução seria renegociar com os fornecedores para alongar o prazo de pagamento, ou buscar alternativas como o Regime de Caixa, que pode ajudar a controlar melhor os impostos e evitar antecipações que pesam no caixa.

6. Corte despesas desnecessárias
Reavalie os custos operacionais da sua empresa. Em um período de dificuldade financeira, cortar ou adiar despesas pode liberar recursos para o pagamento das dívidas. Por exemplo, considere se assinaturas de serviços ou compras de novos equipamentos são realmente essenciais no

momento. Reduzindo despesas não essenciais, você pode destinar mais dinheiro para quitar as dívidas e melhorar a saúde financeira da empresa.

7. Aumente a receita

Para acelerar o pagamento das dívidas, explore maneiras de aumentar a receita da sua empresa. Isso pode incluir lançar novos serviços, fazer promoções para atrair mais clientes ou reativar contratos antigos. Se a empresa atua na prestação de serviços, por exemplo, você pode oferecer pacotes promocionais ou condições especiais para clientes fiéis, o que traz um fluxo de caixa extra e ajuda a reduzir o saldo devedor.

8. Evite novos empréstimos caros

Evite recorrer a novos empréstimos com juros altos para resolver dívidas antigas. Isso pode gerar um ciclo vicioso. Se a empresa realmente precisar de crédito, busque linhas de financiamento com juros mais baixos, como em cooperativas de crédito ou programas específicos para pequenas empresas. Isso ajuda a evitar que o custo da dívida aumente e que a empresa caia em um novo problema financeiro no futuro.

Quitar dívidas nunca é fácil, mas o mais importante é dar o primeiro passo. Quando você começa a colocar tudo no papel e entende exatamente o que deve, já está à frente de muitos. Priorizar suas dívidas, negociar prazos e ajustar seu fluxo de caixa são decisões que, mesmo pequenas, têm um impacto enorme na saúde financeira do seu negócio. Lembre-se: cada pequena vitória conta. Mesmo que o caminho pareça longo, o importante é continuar avançando, um passo de cada vez. Não se deixe desanimar, porque reorganizar as finanças é um processo, e cada etapa te aproxima de um futuro mais tranquilo e sustentável para sua empresa.

9.
REGISTRO DE MARCA

Outra questão importante para quem abre uma empresa é a proteção dos direitos sobre o nome da marca. Afinal, se você dedicou tempo à criação de um nome e de uma logo originais, precisa evitar que eles caiam nas mãos de outras pessoas.

É por isso que existe a opção de registro no Instituto Nacional da Propriedade Industrial (Inpi), órgão responsável pelo registro de marcas, patentes, desenhos industriais e outros ativos de propriedade intelectual no Brasil. O registro no Inpi assegura ao empresário o direito exclusivo de usar a marca em todo o território nacional em seu ramo de atividade, a fim de se preservar de conflitos de marca, de imitação e de concorrência desleal.

Com o registro, além de garantir proteção legal, você ainda passa mais credibilidade e segurança para seus clientes, aumentando, assim, o valor do seu negócio e se livrando de problemas legais no futuro. Por exemplo, se quiser expandir seu empreendimento, abrindo novas filiais ou lançando produtos em outros mercados, ou mesmo se optar por vender sua empresa ou licenciar sua marca, a ausência de um registro pode dificultar as negociações.

O registro da marca também previne contra possíveis processos por uso indevido de um nome já registrado por outra empresa. Isso porque, no site do Inpi, existe uma ferramenta chamada "Busca de Marcas", que permite descobrir se sua marca já foi registrada. Basta digitar o nome ou parte do nome e verificar os resultados.

> Ao acessar o site, basta utilizar a ferramenta "Busca de Marcas".

COMO REGISTRAR SUA MARCA?

Depois de pesquisar e se certificar de que o nome de sua empresa não foi registrado por outra pessoa, é preciso fazer um cadastro no site do Inpi e preencher o formulário de pedido de registro. Nesse formulário, descreva seu negócio, incluindo a área de atuação de acordo com a classificação internacional usada pelo instituto. Por exemplo, hoje em dia existem muitas empresas registradas na classe 35, que corresponde a "Serviços de Negócios e Publicidade". Alguns serviços relacionados a essa classe são:

* **publicidade:** serviços de agências de publicidade, criação de anúncios e campanhas publicitárias;
* **gestão de negócios:** serviços de consultoria em gestão de negócios, administração de empresas, assessoria empresarial;
* **marketing:** serviços de marketing, pesquisa de mercado, promoção de vendas;
* **varejo e comércio:** serviços de varejo e atacado, inclui gestão de lojas on-line e físicas;
* **organização de eventos:** organização de feiras, exposições e eventos comerciais;

> No link destacado como "Lista Auxiliar de Serviços", confira os serviços descritos e em quais classes se encaixam.

* **recursos humanos:** serviços de recrutamento, seleção e gestão de pessoal.

Se sua empresa presta algum dos serviços listados, é nessa categoria que deve enquadrá-la na hora de preencher o formulário.

Por isso dedique um tempo para entender bem cada classe e selecionar a que melhor representa suas atividades. Se tiver muitas dúvidas, pode ser útil consultar um especialista em registro de marcas para ter certeza de que está fazendo tudo certo.

> **Lembre-se: registrar sua marca na classe correta é crucial para garantir a proteção adequada do seu negócio.**

QUANTO CUSTA O REGISTRO?

Existe uma taxa para o registro, cujo valor costuma variar entre R$ 140,00 e R$ 355,00 para pessoas físicas, microempresas e MEIs. Para outras empresas, pode ser um pouco mais caro. Além disso, existem taxas adicionais para a manutenção da marca registrada que são cobradas periodicamente, ou seja, existe um investimento inicial e um custo fixo. Não se esqueça de levar tudo isso em conta na organização das finanças do seu negócio, tendo em mente o que vimos nos capítulos anteriores.

Após enviar o pedido e pagar a taxa, você consegue acompanhar o processo no portal do Inpi e saber se o instituto solicitou informações adicionais ou fez alguma outra exigência burocrática. Nesse caso, é dado um prazo para que você resolva as pendências e evite o arquivamento do pedido.

Como registrar uma marca pode ser um investimento significativo para pequenas empresas e empreendedores individuais, talvez você desconsidere essa possibilidade por estar com o orçamento apertado. No entanto, uma estratégia para economizar dinheiro nesse processo é registrar sua marca aos poucos, começando pela classe principal.

Por exemplo, se você tem uma loja de roupas, a classe principal deve ser a que cobre serviços de varejo. Sendo assim, você pode priorizar o registro nessa categoria, para garantir uma proteção inicial, enquanto planeja o registro nas outras classes. Depois, uma boa ideia é fazer um cronograma para, à medida que o orçamento permitir, registrar sua marca em outras áreas relevantes, de acordo com os serviços ou produtos que oferece.

> **Nossa marca é nossa imagem no mundo dos negócios, e cuidar bem dela é tão importante quanto oferecer produtos e serviços de qualidade. Por isso, não podemos negligenciar essa proteção. Então, quando possível, registre a sua!**

DEPOIS DE REGISTRAR

Depois que seu pedido for aprovado e você obtiver oficialmente sua marca registrada, é essencial monitorar regularmente o banco de dados do Inpi para garantir que ninguém esteja tentando registrar alguma marca similar à sua. Além disso, fique atento aos prazos de renovação para não perder a proteção da sua marca.

Por fim, não se esqueça de elaborar bem os contratos se for licenciar sua marca para outras empresas, pois, assim, você conseguirá garantir um uso adequado.

10.
A HISTÓRIA DO MEU NEGÓCIO

Fizemos um percurso e tanto até aqui, né? Espero ter conseguido segurar sua mão e caminhar junto com você pelas letrinhas miúdas da estrutura que opera no interior de um negócio. Agora, para não ficarmos só na teoria, gostaria de dividir um pouco da minha experiência pessoal como empreendedora. Nesse sentido, este capítulo também poderia se chamar: **Como Nathália Rodrigues se tornou Nath Finanças?**

Quando comecei meu negócio, eu só sabia administrar uma empresa por causa da faculdade de administração. Sem o estudo que tive, provavelmente eu não entenderia nem metade das coisas que fizeram a Nath Finanças ser o que ela é hoje. Geralmente, quando as pessoas têm a ideia de empreender, elas pensam em criar uma solução para um problema, pensam até no nome da empresa, mas se esquecem do mais importante, que é a parte do gerenciamento estratégico do negócio.

Sou muito grata por ter tido a oportunidade de estudar administração. No entanto, sei que muita gente que começa a empreender não tem essa chance — especialmente quando é por necessidade. Por isso sempre achei válido democratizar o acesso a esse tipo de informação. Esse é o pensamento que eu trouxe para a Nath Finanças desde o início.

A internet, com seu imenso poder de compartilhamento, ajuda muita gente a aprender coisas novas. Já aprendi muito por meio da internet e quis usá-la também para dividir conhecimentos sobre organização financeira.

Geralmente, sou péssima com nomes. Nath Finanças, porém, foi uma decisão que veio até rápido e pareceu bem acertada. Estava apaixonada pela área de finanças e queria compartilhar isso com outras pessoas a partir da minha perspectiva.

Com essa ideia em mente, meu primeiro passo foi escolher o público-alvo. Já existiam outros criadores de conteúdo que falavam de educação financeira na internet, mas não me limitei ao pensamento de que eu não podia começar algo só porque já havia gente fazendo. Porque, como falei no Capítulo 3, nenhum empreendedor precisa inventar a roda: nós podemos pensar em acrescentar algo melhor ao que já existe. No meu caso, pensei em melhorar um processo, trazendo uma linguagem diferente. Queria falar de forma acessível e incluir um público de baixa renda que não era totalmente contemplado pelos conteúdos de educação financeira disponíveis.

Depois de definir o público-alvo, achei importante separar um tempo e montar uma estrutura de funcionamento para os anos seguintes do meu negócio. Recomendo que faça o mesmo. Pode ter certeza: esse planejamento vai ser essencial. Muitas empresas acabam fechando por não se planejarem quanto à estrutura, e isso em geral acontece porque os empreendedores não sabem como fazer isso.

Para planejar sua empresa, primeiro é preciso entender como outros negócios similares oferecem aquilo que você quer oferecer e como os clientes se comportam em relação a essa oferta. Compreendendo os concorrentes e o público, você terá bases para definir os diferenciais do seu negócio.

> **Então, procure saber o que os seus concorrentes fazem e de que forma, quanto as pessoas pagam e quanto querem pagar por esses produtos ou serviços, entre outras coisas.**

Dessa maneira, você vai conseguir traçar seu próprio caminho: o que fazer, por onde fazer, quando fazer. Eu me perguntei tudo isso e anotei minhas respostas. Assim começou meu planejamento. Nessas anotações, que deram origem ao meu plano de negócios, a principal coisa que fiz foi escrever o maior objetivo do empreendimento que estava iniciando.

Depois de saber e anotar o que eu queria, como faria aquilo e para quem faria, chegou a hora de divulgar meus produtos — no caso, meu conteúdo sobre educação financeira. Geralmente, esta é a parte mais difícil: alcançar as pessoas certas e ser conhecido.

É difícil até mesmo quando se trata de produtos digitais e divulgação nas redes sociais. Às vezes, podemos pensar que a internet é um espaço em que todo mundo consegue fazer sua voz ser ouvida. Por um lado, isso é verdade; mas, ao mesmo tempo, também é o oposto. Num lugar onde todo mundo está gritando e lutando para capturar as atenções, pode ser complicado conseguir um espaço sob os holofotes.

Comecei divulgando de forma orgânica, numa espécie de boca a boca on-line. Tentei conquistar as pessoas uma por uma. Eu procurava nas redes sociais alguns termos de pesquisa relacionados a educação financeira e mandava mensagens para os usuários que estavam falando disso. Chegava perguntando quais eram as dúvidas dessas pessoas e oferecia meu conteúdo como uma possível resposta. Ou seja, eu identificava minha demanda e oferecia diretamente o meu produto.

Uma coisa interessante é que, nessa etapa, não foquei em pessoas famosas, tampouco em quem já tinha dinheiro. Eu tinha consciência de qual era meu público-alvo (gente comum de baixa renda) e foram essas as pessoas que tentei alcançar. Segui nessa estratégia por mais ou menos um ano e meio, e para mim foi muito significativo começar dessa forma.

Quanto a ganhar reconhecimento, a virada de chave aconteceu quando cheguei para conversar e oferecer meu conteúdo a uma pessoa que, por acaso, trabalhava no programa *Encontro com Fátima Bernardes*, na TV Globo. Eu não fazia ideia! Foi uma surpresa quando essa pessoa disse que gostou tanto do meu conteúdo que ia sugeri-lo como pauta para a produção do programa. A produção também gostou do meu trabalho e assim fui parar lá, nesse programa tão grande, falando sobre educação financeira para um público vasto que ainda não me conhecia. O legal é que algo desse tamanho só aconteceu porque eu estava, desde o início, dando a cara a tapa, apresentando o que eu tinha a uma pessoa de cada vez.

Outro acontecimento orgânico que contribuiu bastante para aumentar a visibilidade do meu conteúdo foi um meme que meus seguidores criaram e fizeram circular.

Tudo começou quando uma pessoa que eu não conhecia, mas que provavelmente gostava dos meus vídeos e posts, publicou numa rede social que tinha gastado dinheiro além do que deveria e pediu: "Nath Finanças, me perdoa." Essa frase e variações dela — e até uma imagem com meu rosto e a frase "falhei com você" — acabaram viralizando e me rendendo muitos novos seguidores.

Achei isso incrível, porque não foi uma ação que planejei e divulguei, e sim um meme orgânico. Esse episódio mostra que, além da nossa persistência na divulgação, a visibilidade de um empreendimento também depende de um fator que não necessariamente está em nossas mãos: é uma questão de estar no lugar certo, na hora certa. Nessa época, janeiro de 2020, existia uma alta demanda por educação financeira, o que é comum em tempos de ano novo. O próprio tema "finanças" costuma se destacar nesse período. Então, quando a pessoa postou o meme, havia muita gente aberta a se relacionar com aquilo e querendo saber quem era a tal da Nath Finanças mencionada ali.

Foi mais ou menos assim que comecei a crescer na internet e a ganhar visibilidade com o conteúdo que vinha criando. Com isso, consegui também ter um retorno financeiro crescente com publicidade. Para quem não está familiarizado com as "publis", elas funcionam assim: empresas começaram a me pagar para anunciar produtos ou serviços no meu canal ou nas minhas redes sociais, meus principais meios de contato com o público. Minha primeira "publi" me rendeu algo em torno de R$ 1.300,00. Fiz um conteúdo sobre como "limpar" o nome na praça e divulguei os serviços da empresa parceira nessa ação.

Com esse primeiro pagamento, fiquei bastante reflexiva. Na época, o salário que eu ganhava era de estagiária — R$ 500,00 por mês —, bem menos do que um salário mínimo. E então alguém me pagou o equivalente a mais de dois meses do meu salário para eu fazer um vídeo no YouTube, logo depois de o meu nome viralizar por causa de um meme na internet. Que loucura, né? Fiquei chocada.

> **O mais difícil nisso é lembrar que aquele dinheiro não é seu, e sim da sua empresa, como falamos ao longo deste livro.**

Isso mexeu muito com a minha cabeça, e provavelmente você também vai levar algumas chacoalhadas desse tipo quando tiver uma ascensão financeira no seu negócio. Passamos a ver valores que não pensávamos que poderíamos ter.

Se você se dispõe a ser um empreendedor, você não é simplesmente um trabalhador autônomo que faz um serviço freelancer e guarda todo o valor do pagamento para uso próprio. Um empreendedor deve guardar dinheiro para o próprio negócio e sempre ficar alerta quanto às obrigações específicas do gerenciamento de uma empresa, como os impostos e investimentos. Entender essa diferença desde o início é fundamental para o sucesso.

Com o crescimento do meu empreendimento, precisei me tornar oficialmente uma microempreendedora individual, a partir da abertura de um MEI, para poder emitir notas fiscais. Tive dificuldades nesse processo, motivo pelo qual achei oportuno colocar aqui no livro um passo a passo sobre isso. Enfim: passei a entender melhor o valor do meu trabalho — não só em termos de dinheiro, como também o valor de ajudar milhares de pessoas a organizar suas finanças.

O dinheiro das publicidades foi entrando. Saí da casa dos meus pais, comecei a juntar uma grana. Meu negócio foi se desenvolvendo.

E sempre chega um momento em que percebemos que nosso negócio precisa se atualizar. Enxergamos novos caminhos para continuar evoluindo ou para acelerar ainda mais essa evolução. Fiz isso a partir da criação de novos produtos. Em vez de continuar concentrando meus ganhos na venda de espaço publicitário, criei outras fontes de receita: palestras, mentorias, consultorias, cursos e, em especial, uma plataforma de streaming de educação financeira chamada Nath Play. Isso porque, além de eu querer aumentar meu faturamento, entendi na prática que um negócio duradouro não pode se apoiar somente em um tipo de receita, ele precisa variar essas fontes. Eu não podia contar apenas com o dinheiro que vinha da publicidade — caso contrário, ficaria vulnerável se as boas oportunidades nessa área deixassem de aparecer.

O crescimento de um negócio, obviamente, é maravilhoso, mas também é um processo que traz algumas dores. Então, ao mesmo tempo que eu comemorava novas conquistas, enfrentava momentos inéditos de aflição. Eu me vi criando cada vez mais responsabilidades e me sentindo pressionada por elas, sempre temendo esbarrar com algum fracasso. Também passei pela angústia de precisar demitir pessoas que trabalhavam comigo. Você, provavelmente, ainda vai passar por isso no seu negócio, e, provavelmente, vai se sentir horrível, como eu me senti.

> **No entanto, essas dores são necessárias para que nossos negócios continuem e prosperem. Experimentei muitos níveis de culpa até fixar isso na minha mente.**

Hoje, enxergo os relacionamentos de empregador e funcionário como se fossem um relacionamento amoroso: às vezes, as pessoas têm expectativas e objetivos diferentes e já não faz sentido continuarem juntas. Por isso, antes de me preocupar em passar o resto da vida com uma pessoa, me preocupo em criar um ambiente saudável para que possamos viver de maneira agradável enquanto estivermos juntas. Isso faz sentido para um namoro, né? Também faz para uma empresa.

Tendo em vista a construção desse ambiente saudável, aos poucos fui conseguindo implementar na minha empresa benefícios como vale-refeição, vale-alimentação, vale-transporte, planos de saúde e odontológico. E decidi fazer com que os empregos na Nath Finanças fossem totalmente remotos, mas montei um escritório aonde os funcionários pudessem ir quando necessário. Fiquei muito feliz com cada um desses avanços, porque sei da importância para quem se beneficia deles e creio que assim posso contribuir para a qualidade de vida de quem trabalha comigo. Não me esqueço de quando eu mesma era uma trabalhadora CLT e procuro oferecer aos meus funcionários o que eu gostaria de ter recebido. Nenhum empresário deveria se esquecer disso.

Toda essa jornada de gerenciamento do meu negócio foi muito significativa. E não foi fácil. Aliás, posso falar no presente: até hoje não é fácil, me faz refletir muito e me mantém sempre consciente de quanto ainda tenho a aprender.

Cuidar de um empreendimento envolve uma série de complexidades. E é por isso que achei que valia a pena trazer todas essas dicas para este livro, além de contar aqui um pouco da minha história pessoal. Porque não estamos falando só de burocracias e procedimentos chatos. É claro que você tem de lidar com essas coisas quando começa um negócio. Mas, acima de tudo, você está iniciando um processo novo na sua vida que vai afetá-lo de diversas formas. E aprender a encarar tudo o que envolve esse processo — desde a burocracia até seus sentimentos e valores pessoais — é importante para que você desenvolva um negócio saudável, que consiga se manter e crescer.

Hoje em dia, a Nath Finanças é uma empresa maior, com várias fontes de receita e que investe em outras empresas, como a Queen Laces e outros negócios, os quais eu até gostaria de ter começado do zero, mas que já contavam com pessoas ótimas fazendo, e assim decidi que minha contribuição poderia ser por meio dos investimentos. Amo ser uma empreendedora, amo a Nath Finanças e tenho orgulho do que construí até aqui e do que ainda vou construir. E o que me estimula a seguir em frente são os mesmos propósitos que me guiaram desde o começo.

Então, se eu fosse resumir este livro a apenas uma dica, diria para você nunca se esquecer do propósito do seu empreendimento. Outras pessoas podem concordar ou discordar; não importa. Vá pelo que você acredita, pelo que você quer.

O propósito do seu negócio é a alma dele. É um pedaço da sua pessoa que reside em tudo o que você cria.

AGRADECIMENTOS

Gostaria de expressar minha mais profunda e sincera gratidão a todos que, de alguma forma, contribuíram para que essa jornada fosse possível. Agradeço imensamente a toda a minha família, que desde o começo esteve ao meu lado, oferecendo amor, apoio incondicional e acreditando em mim mesmo nos momentos em que eu duvidava de mim mesma. Cada palavra de incentivo e cada gesto de carinho foram fundamentais para que eu pudesse chegar até aqui.

À editora Intrínseca e à Wlange, deixo meu mais caloroso agradecimento pelo imenso carinho com que trataram este projeto e pela paciência exemplar que tiveram comigo, mesmo diante de tantas demandas e prazos apertados. Vocês foram verdadeiros parceiros, entendendo a importância de cada detalhe e me ajudando a dar vida a este trabalho.

À Kelly, gostaria de dedicar uma palavra especial de reconhecimento e agradecimento. Sua dedicação incansável em seu trabalho há quatro anos na Nath Finanças como a segunda funcionária que eu contratei na minha vida não passou despercebida, e sua paixão pelo que faz é inspiradora. Obrigada por sempre dar o melhor de si e por ser uma parte tão importante desse time tão grande.

A todo o meu time de 25 pessoas incríveis da Nath Finanças e da Nath Play, meu mais sincero agradecimento por terem compreendido, desde o início, o propósito e a missão do meu trabalho. Vocês não apenas entenderam, como também abraçaram com entusiasmo essa missão, visão e valores, tornando-se verdadeiros pilares para que este projeto se concretizasse. O comprometimento e a crença na nossa missão coletiva são inestimáveis.

Não poderia deixar de mencionar meus mais velhos, aqueles que cuidam de mim e guiam meu caminho espiritual com tanto zelo e sabedoria. À minha querida Yalorixá Márcia Marçal, a Sueli Romar, Patrícia Crepaldi e Well, meu mais profundo agradecimento por cuidarem tão bem do meu ori e do meu orixá. Vocês são guardiões da minha fé e da minha força, e esse cuidado é um presente que levo comigo todos os dias.

Aos meus irmãos de axé, que caminham comigo nesta jornada espiritual, meu agradecimento pela força, pela união e pelo companheirismo. A energia e a fé que compartilhamos são fundamentais em minha vida e me dão a sustentação necessária para enfrentar os desafios do dia a dia.

A todos vocês, meu mais sincero e profundo obrigada. O sucesso deste trabalho é, em grande parte, resultado do amor, do apoio e da dedicação que recebi de cada um de vocês. Este é o nosso sucesso, e sou eternamente grata.

Obrigada, Oxóssi. Axé.

NOTAS

1 Ivan Bull e Gary E. Willard, "Towards a theory of entrepreneurship", *Journal of Business Venturing*. Nova York: Elsevier, v. 8, n. 3, p. 185, 1993 apud *Demografia das empresas e estatísticas de empreendedorismo: 2020*. Rio de Janeiro: IBGE/Coordenação de Cadastros e Classificações, 2022, p. 16. Disponível em: <https://biblioteca.ibge.gov.br/index.php/biblioteca-catalogo?view=detalhes&id=2101969>. Acesso em: 5 jul. 2024.

2 Joseph Schumpeter, "O fenômeno fundamental do desenvolvimento econômico", em: *Teoria do desenvolvimento econômico: Uma investigação sobre lucros, capital, crédito, juro e o ciclo econômico*. Coleção Os Economistas. São Paulo: Abril Cultural, 1982, pp. 69-99.

3 Atualmente, com a globalização, a tecnologia e o desenvolvimento do mercado de serviços, outros trabalhos e outras relações trabalhistas passaram a existir. Contudo, ainda é a relação entre burguesia e proletariado que sustenta esse sistema.

4 Decreto-Lei nº 5.452, Capítulo III, Seção V – Da proteção à maternidade, de 1º de maio de 1943.

5 *Estatísticas do cadastro central de empresas: 2020*. Rio de Janeiro: IBGE/Coordenação de Cadastros e Classificações, 2022. Disponível em: <https://www.ibge.gov.br/estatisticas/economicas/industria/9016-estatisticas-do-cadastro-central-de-empresas.html>. Acesso em: 5 jul. 2024.

6 Auxílio-reclusão, segundo o site do Instituto Nacional do Seguro Social (INSS), é um "benefício pago apenas aos dependentes do segurado do INSS que seja de baixa renda e que esteja cumprindo prisão em regime fechado". Disponível em: <https://www.gov.br/inss/pt-br/assuntos/auxilio-reclusao-entenda-como-funciona-esse-beneficio>. Acesso em: 10 jul. 2024.

7 IBGE, op. cit., p. 29.
8 Ibid., p. 30.
9 *Pequenos negócios: A base da economia do nosso país*. Brasília: Sebrae, 2023. Disponível em: <https://sebrae.com.br/sites/PortalSebrae/artigos/pequenos-negocios-a-base-da-economia-do-nosso-pais,85e97325a3937810VgnVCM1000001b00320aRCRD>. Acesso em: 11 jun. 2024.
10 *Unidade de gestão estratégica — Relatório especial MEI 10 anos*. Brasília: Sebrae, 2019. Disponível em: <https://api-lai.sebrae.com.br/ArquivosPortalLai/DF/Presta%C3%A7%C3%A3o%20de%20Contas/Relat%C3%B3rio%20de%20Gest%C3%A3o%20-%202019.pdf>. Acesso em: 5 jul. 2024.
11 *Empreendedorismo por raça-cor/gênero no Brasil (2021)*. Brasília: Sebrae, 2021. Disponível em: <https://sebrae.com.br/Sebrae/Portal%20Sebrae/Empreendedorismo%20Feminino/Empreendedorismo_por_ra%C3%A7a-cor_e_g%C3%AAnero_no_Brasil__2021_.pdf>. Acesso em: 5 jul. 2024.
12 Angela Davis, *Mulheres, raça e classe*. São Paulo: Boitempo, 2016.
13 Bianca Bax, Andrew Schwedel, Fai Assakul e Nicole Bitler, *Working Women and the War for Talent*. Boston: Bain & Company, 2022. Disponível em: <https://movimentomulher360.com.br/wp-content/uploads/2022/10/bain_brief_working_women_and_the_war_for_talent.pdf>. Acesso em: 11 jun. 2024.
14 *Inserção das mulheres no mercado de trabalho*. São Paulo: Dieese, 2023. Disponível em: <https://www.dieese.org.br/infografico/2023/infograficosMulheres2023.html>. Acesso em: 11 jun. 2024.
15 Darlan Alvarenga, "Mulheres ganham em média 20,5% menos que homens no Brasil". G1, 2022. Disponível em: <https://g1.globo.com/dia-das-mulheres/noticia/2022/03/08/mulheres-ganham-em-media-205percent-menos-que-homens-no-brasil.ghtml>. Acesso em: 11 jun. 2024.
16 "Mulheres não chegam a 40% dos cargos gerenciais, diz estudo da FGV." Infomoney, 2023. Disponível em: <https://www.infomoney.com.br/carreira/mulheres-nao-chegam-a-40-dos-cargos-gerenciais-diz-estudo-da-fgv/>. Acesso em: 11 jun. 2024.
17 "Anbima lista os dez influenciadores digitais mais relevantes no universo de investimentos." Site da Anbima, 2022. Disponível em: <https://www.anbima.com.br/pt_br/noticias/anbima-lista-os-dez-influenciadores-digitais-mais-relevantes-no-universo-de-investimentos.htm>. Acesso em: 11 jun. 2024.
18 Claudia Vieira Levinsohn, "Mulheres empreendem por necessidade, e isso preocupa". Revista *Exame*, 4 jul. 2022. Disponível em: <https://exame.com/bussola/mulheres-empreendem-por-necessidade-e-isso-preocupa/>. Acesso em: 11 jun. 2024.
19 Esse cálculo eu aprendi com a Camila Farani, empresária, empreendedora, colunista e uma das maiores investidoras do Brasil.
20 NFS-e: Nota Fiscal de Serviços Eletrônica.

21 Segundo o site do Instituto de Pesquisa Econômica Aplicada (Ipea), a seguridade social é "um conjunto de políticas públicas destinadas a garantir proteção social a toda a população. Assegura direitos básicos como saúde, assistência social e previdência social, tendo por princípios a dignidade humana, a solidariedade e a justiça social". Disponível em: <https://www.ipea.gov.br/portal/categorias/164-beneficiometro-projeto/14038-o-que-e-a-seguridade-social>. Acesso em: 5 jul. 2024.

- intrinseca.com.br
- @intrinseca
- editoraintrinseca
- @intrinseca
- @editoraintrinseca
- intrinsecaeditora

1ª edição	NOVEMBRO DE 2024
impressão	SANTA MARTA
papel de miolo	HYLTE 60 G/M²
papel de capa	CARTÃO SUPREMO ALTA ALVURA 250 G/M²
tipografia	KRETE